文化自信，从阅读开始

"百部好书"扶持项目
GUANGDONG PUBLISHING

文化自信与中国现当代文学·中学生读本

语不惊人死不休

郭小东 张 华 蔡莉玲◎主编

青少年
品质阅读精选

语言·思维
审美·文化

广东高等教育出版社
Guangdong Higher Education Press

·广州·

本书部分文字作品稿酬已委托中国文字著作权协会转付，敬请相关著作权人与中国文字著作权协会联系。电话：010－65978917，传真：010－65978926，E-mail：wenzhuxie@126.com。

图书在版编目（CIP）数据

语不惊人死不休/郭小东，张华，蔡莉玲主编. —广州：广东高等教育出版社，2020.5（2021.3 重印）

（文化自信与中国现当代文学：中学生读本/蒋述卓，陈剑晖，贺仲明主编）

ISBN 978－7－5361－6518－2

Ⅰ.①语…　Ⅱ.①郭…　②张…　③蔡…　Ⅲ.①阅读课－中学－课外读物　Ⅳ.①G634.333

中国版本图书馆 CIP 数据核字（2019）第 113010 号

书　　名	语不惊人死不休
	YU BU JING REN SI BU XIU
出版发行	广东高等教育出版社
	地址：广州市天河区林和西横路　电话：（020）87554153
	http://www.gdgjs.com.cn
印　　刷	佛山市浩文彩色印刷有限公司
开　　本	787 毫米×1 092 毫米　16 开
印　　张	11.5
字　　数	219 千
版　　次	2020 年 5 月第 1 版　2021 年 3 月第 2 次印刷
定　　价	36.00 元

如发现印装质量问题，请直接与印刷厂联系调换。

作为一个编辑，我经常感叹文学的世界浩瀚如大海，书太多，而时间太少。作为一个母亲，我又经常困惑这么多书，该怎么选，读哪些书，才能让孩子在繁重课业之外挤出的阅读时间，读得有品质；怎么读，才能对他的阅读和写作能力提升有所帮助。同时我还非常苦恼，如何与处于叛逆期的孩子对话，建立沟通。众所周知，中学阶段是人的人生观、世界观、价值观以及思维方式、创造能力和审美能力形成的关键时期，而这些能力却绝非朝夕可成。很多家长即使意识到其重要性，但多半也不知从何入手，如何引导。

基于以上，我们尝试从中华文化精神的角度来做一套适合这一年龄段孩子阅读的书。

怎么选？我们遵循"循序渐进"、由浅到深、从近到远的原则。按照情感发展规律，即个人—家庭—国家（民族）—世界的思路精选12个专题。先侧重从中学生的日常生活、身边事物、自信自尊自强、诚实守信，以及文化人格塑造，如何对待爱情友谊，如何增强忧患意识，将个人的"小家"与国家的"大家"统一起来等方面着手。后由"小"到"大"，由"内"及"外"，由"近"及"远"，从个人、自我、家庭延伸到信仰、理想主义与英雄主义、天人合一、人类共同价值观，以及汉语文化、逻辑思维和创造性思维等。

我们首创"学术主编+教学主编"的编写模式，由知名高校学术主编与中学一线教研员、中学语文名师组成的教学主编，以现当代作家名作名篇为基础，围绕自尊自信自强、亲情与爱情等12个专题选择篇目，并以"中华文化精神"贯穿之，精挑细选，匠心打造，体裁涵盖散文、小说、杂文、诗歌、报告文学等文学样式。同时以入选的各篇目的通用版本为底本，撰写导读和作品赏读。编者悉心解读，所撰写的细腻、隽永的文字，引领我们步进文学的殿堂，领略文学之美，值得珍藏。

阅读是一种力量，在这里有300多位中国现当代名家，跨越时空，通过文学的形式，与我们的孩子对话，以想象性、形象性和情感性的文学作品深入孩子内心，通过共鸣，因感受而唤醒孩子自身的精神诉求，进而有意识地构建精神家园。这些作品一旦进入孩子的生命，就会成为其情感和审美结构的一部分，并在最深的意义上构成"自我"。在这纷扰的世界上，孩子无论是认识世界还是面对人生，都能保持正确的世界观、价值观、人生观，以及看问题的大局观。

同时我们特地邀请了各地几十所学校广播站的同学朗读选文作品。不一定是字正腔圆的专业朗读，但这些有感情、有温度的同龄人的声音一定能打动内心，扫码即可用耳朵"悦"读。

在编辑过程中，我们针对青少年的阅读心理和阅读习惯，按照现代出版规范对选文进行了处理，对部分选文做了删减。

在此还要向各选文的作者致以诚挚的敬意，是他们用自己伟大的思想和精湛的文字，为青少年一代提供了思想的源泉和振翅的境界。我们已委托中国文字著作权协会代理稿酬事宜，一并致谢。

希望这套书能够让我们的孩子从繁重的课业和纷杂的电子游戏中走出来，在文学的港湾憩息，感受到文学的力量并得到丰厚的滋养，从中获得面对未知的好奇、追逐梦想的激情、拥抱生活的热情、直面坎坷的勇气和击败困难的力量。

目录

篇章的艺术

风格的多样

汉语的风采

中国汉字，其字释义，是指用来记录语言的符号，做动词、名词使用时意义不同。字是构成词和词组最基本的单位。常用的汉字，不外乎几千字，但字组合为汉语、辞章，就超越了单字的含义与释义，深化出无边无际的语文。字是止水，而语文却是长河、银河系、整个宇宙。它的暗淡与璀璨，取决于民族文化、文史哲的传统和由此而来的语文的历史结晶。

本部分说的是"汉语的风采"。风者，仪也，及人之神韵；采者，像也，及人之颜色。所谓风采，指的是风度、神采。若人，指的是美好的举止态度、声威名望；若物，指的是景象的面貌格调、胸怀；若情，指的是情状气质、颜色。

汉语的风采，主要是指汉语的字、词、句，其本身就深富托物言志的神韵，再经过作者的耕耘，由语文组合而成的表达与表现，而尽显仪态与风格，是为美文。

刘勰《文心雕龙·书记》："详总书体，本在尽言，言以散郁陶，托风采，故宜条畅以任气，优柔以怿怀。"

张彦远《历代名画记·王知慎》言："师于阎，写貌及之，笔力爽利，风采不凡。"

由字而语词，由众多的词语结构而成语文。汉语的字、词、句，在具体的辞章文赋中，表现了汉语独有的风采，即文章的仪态与神韵。本单元所收五位作家的文本，在字、词、句的结构与运用上，都独享其心，都各有对汉语的魂魄、温度和智慧的认知，并实践在文辞韬略之中。读者自当用心阅读，精当体悟，方有所得。如风之无形，却得风之凉，之拂。

字的研究①

赵 野

整整一个冬季，我研读了这些文字
默想它们的构成和愿望
我把它们放在掌心，翻去覆来
如摆弄水果和微微锃亮的刀子

它们放出了一道道光华，我的眼前
升起长剑、水波和摇曳的梅花
蓝色的血管，纤美的脉络
每一次暗示都指向真实

我努力亲近它们，它们每一个
都很从容，拒绝了我的加入
但服从了自然的安排，守望着
事物实现自己的命运

① 选自《逝者如斯》（作家出版社 2003 年版）。赵野，1954 年出生于四川。著有诗集《逝者如斯》《水银泻地的时候》等。

眩目的字，它们的手、脚、头发
一招一式，充满对峙和攻击
战胜了抽象，又呼应着
获得了完美的秩序

生动的字，模仿着我们的劳作
和大地的果实，而在时光的
另一面，自恋的花园
蓦然变成锋利的匕首

准确的字，赋予我们的筋骨以血肉
点燃我们灵魂的火把
冥冥中它们大胆的突进，成为我
悲伤生命里惟一的想象

规范的字，毗邻我们出生的街道
昭示我们命定的一瞬
多少事发生了，又各归其所
那历史的谋杀壮丽而清新

沉着的字，我们内心未了的情结
穿上童年的衣衫
战士步出东门，刀戟砑然
而城楼悬挂着乌黑的镜子

哦，这些花蕚，这些云岫，我的
白昼的敌人，黑夜的密友
整整一个冬季，我们钟爱又猜疑
我们衣袖或心灵的纯洁

此刻，流水绕城郭，我的斗室昏暗

玉帛崩裂，天空发出回响
看啊，在我的凝视里
多少事物恢复了名称

它们娇慵、倦怠，从那些垂亡的国度
悠悠醒来，抖落片片雪花
仿佛深宫的玫瑰，灿烂的星宿
如此神秘地使我激动

我自问，一个古老的字
历尽劫难，怎样坚持理想
现在它质朴、优雅，气息如兰
决定了我的复活与死亡

 赏读

在朦胧诗的影响下，中国四川境内崛起了一个诗歌流派，被称为"第三代"，也叫"后朦胧诗"。这个诗派接受了朦胧诗的启蒙，但随后又以反叛的态度对朦胧诗进行了批判。他们借助诗歌这面旗帜，践行了反英雄、反崇高的诗学主张。

诗人赵野就是"第三代"的主将之一，他的诗歌创作，同样流淌着叛逆先锋的血液。作为一个富有诗学自觉追求的诗人，赵野其实是一个独特的存在，他不仅与主流诗歌保持着距离，而且在第三代群体内部，赵野的诗也颇为不同。生性敏感的赵野，有一副多愁善感的性格，喜欢自由，追求浪漫，其诗作具有唯美主义的色彩。

赵野对诗歌传统有一种"固执"的热爱与迷醉，喜欢化用古典诗意，擅长植入古典诗歌意象。在这种传统精神的追逐嬉戏中，赵野对汉语特质，有着自己的独特理解，他说："我们用汉语写作，要把汉语的特点把握好来写，汉语不像英语那种可以飞起来的语言，它没有像西方语言那样有相应的史诗，汉语是象形文字，有一种特殊的空间对应关系，所以密度很大，而且有一种穿透力，现代汉语和古代汉语，虽然字词都是一样的，但两者处于并不一样的语言体系当中，特别在语法上……"

《字的研究》一诗，是赵野诗歌创作的成熟代表作之一，无论是诗歌内容还是诗歌形式，都带有鲜明的"赵野色彩"，虽然就标题而言，倒像是一篇严谨的学术论文，但其实可以视为诗人对"汉语"深情的一次诗性表白。

一下笔，诗人就流露出自己对汉语之美的痴迷，在"整整一个冬季""研读""默想""翻去覆来"这样的字眼中，我们很容易就可以感受到，而"果实"与"匕首"的喻体出现，则带有另一种不一样的隐喻味道。

汉字之美，令人销魂。赵野满怀真情，抑制不住表达了自己领略到的汉语气质与精神"它们放出了一道道光华，我的眼前/升起长剑、水波和摇曳的梅花/蓝色的血管，纤美的脉络/每一次暗示都指向真实"，密集的意象，动态的渲染，组合成了一幅绚烂多姿的汉字油画。一个个富有灵性的汉字，仿佛是绝世独立的美人，高贵而冷艳，她们矜持，却有着非凡的气质。

她们有的"眩目"，举手投足间，自有一种"完美的秩序"；

她们有的"生动"，活泼乱蹦，冥顽淘气；

她们有的"准确"，是能够点燃灵魂的火把；

她们有的"规范"，安分守己，彬彬有礼却又异常壮丽；

她们有的"沉着"，仿佛阅尽古今春色，镇定自若。

她们是花，是云，是我的敌人，也是我的密友，成为我打发冬天时光的最好慰藉。

最后，诗人唱出了自己的汉字赞歌："现在它质朴、优雅，气息如兰/决定了我的复活与死亡。"

整首诗，并没有枯燥的研究推理与结论，相反，诗人乘着想象的翅膀，让汉字在"研究"的镜头下，凌空飞舞，摇曳生姿，诗人的情感也随之沉潜起伏，爱恨情仇，弥漫诗行。

汉字之美，我们可以借助各种不同的方式加以研究和呈现，但是，赵野以诗的形式来诠释，则意味深长，耐人寻味。氤氲其中的意旨，是诗人对汉字汉语的深情与热爱。

赵野曾说："我认为一个当代汉语诗人能达到的高度和深度，取决于他对传统的认识、了悟和转化能力。"这首诗，恰好就是这句话的诗性注解。

其实，关于汉语传统的弘扬问题，在1990年，诗人还直接以《汉语》为题，写过另外一首诗，诗作如下：

汉　语

一

在这些矜持而没有重量的符号里
我发现了自己的来历
在这些秩序而威严的方块中
我看到了汉族的命运
节制、彬彬有礼，仿佛
雾中的楼台，霜上的人迹
使我们不致远行千里
或者死于异地的疾病

二

祖先的语言，载着一代代歌舞华筵
值得我们青丝白发
每个词都被锤炼千年，犹如
每片树叶每天改变质地
它们在笔下，在火焰和纸上
仿佛刀锋在孩子的手中
鱼倒挂树梢，鸟儿坠入枯井
人头雨季落地，悄无声息

自豪与自幸
——我的国文启蒙①

余光中

每个人的童年未必都像童话，但是至少该像童年。若是在都市的红尘里长大，不得亲近草木虫鱼，且又饱受考试的威胁，就不得纵情于杂学闲书，更不得看云、听雨，发一整个下午的呆。我的中学时代在四川的乡下度过，正是抗战，尽管贫于物质，却富于自然，裕于时光，稚小的我乃得以亲近山水，且涵泳中国的文学。所以每次忆起童年，我都心存感慰。

我相信一个人的中文根柢，必须深固于中学时代。若是等到大学才来补救，就太晚了，所以大一国文之类的课程不过虚设。我的幸运在于中学时代是在纯朴的乡间度过，而家庭背景和学校教育也宜于学习中文。

一九四〇年秋天，我进入南京青年会中学，成为初一的学生。那家中学在四川江北县悦来场，靠近嘉陵江边，因为抗战，才从南京迁去了当时所谓的"大后方"。不能算是什么名校，但是教学认真。我的中文跟英文底子，都是在那几年打结

---

① 选自《余光中集·第六卷》（百花文艺出版社 2004 年版），有改动。余光中（1928—2017），出生于南京，祖籍福建永春。著有《乡愁》《听听那冷雨》等。

实的。尤其是英文老师孙良骥先生，严谨而又关切，对我的教益最多。当初若非他教我英文，日后我是否进外文系，大有问题。

至于国文老师，则前后换了好几位。川大毕业的陈梦家先生，兼授国文和历史，虽然深度近视，戴着厚如酱油瓶底的眼镜，却非目光如豆，学问和口才都颇出众。另有一位国文老师，已忘其名，只记得仪容儒雅，身材高大，不像陈老师那么不修边幅，甚至有点邋遢。更记得他是北师大出身，师承自多名士耆宿，就有些看不起陈先生，甚至溢于言表。

高一那年，一位前清的拔贡来教我们国文。他是戴伯琼先生，年已古稀，十足是川人惯称的"老夫子"。依清制科举，每十二年由各省学政考选品学兼优的生员，保送入京，也就是贡入国子监，谓之拔贡。再经朝考及格，可充京官、知县或教职。如此考选拔贡，每县只取一人，真是高材生了。戴老夫子应该就是巴县（即江北县）的拔贡，旧学之好可以想见。冬天他来上课，步履缓慢，意态从容，常着长衫，戴黑帽，坐着讲书。至今我还记得他教周敦颐的《爱莲说》，如何摇头晃脑，用川腔吟诵，有金石之声。这种老派的吟诵，随情转腔，一咏三叹，无论是当众朗诵或者独自低吟，对于体味古文或诗词的意境，最具感性的功效。现在的学生，甚至主修中文系的，也往往只会默读而不会吟诵，与古典文学不免隔了一层。

为了戴老夫子的耆宿背景，我们交作文时，就试写文言。凭我们这一手稚嫩的文言，怎能入夫子的法眼呢？幸而他颇客气，遇到交文言的，他一律给六十分。后来我们死了心，改写白话，结果反而获得七八十分，真是出人意外。

有一次和同班的吴显恕读了孔稚珪的《北山移文》，佩服其文采之余，对纷繁的典故似懂非懂，乃持以请教戴老夫子，也带点好奇，有意考他一考。不料夫子一瞥题目，便把书合上，滔滔不绝，不但我们问的典故他如数家珍地详予解答，就连没有问的，他也一并加以讲解，令我们佩服之至。

国文班上，限于课本，所读毕竟有限，课外研修的师承则来自家庭。我的父母都算不上什么学者，但他们出身旧式家庭，文言底子照例不弱，至少文理是晓畅通达的。我一进中学，他们就认为我应该读点古文了，父亲便开始教我魏征的《谏太宗十思疏》，母亲也在一旁帮腔。我不太喜欢这种文章，但感于双亲的谆谆指点，也就十分认真地学习。接下来是读《留侯论》，虽然也是以知性为主的议论文，却淋漓恣肆，兼具生动而铿锵的感性，令我非常感动。再下来便是《春夜宴桃李园序》《吊古战场文》《与韩荆州书》《陋室铭》等几篇。我领悟渐深，兴趣渐浓，甚至倒过来央求他们多教一些美文。起初他们不很愿意，认为我应该多读一些载道的文章，但见我颇有进步，也真有兴趣，便又教了《为徐敬业讨武曌檄》《滕王阁序》《阿房宫赋》。

父母教我这些，每在讲解之余，各以自己的乡音吟哦给我听，父亲诵的是闽南调，母亲吟的是常州腔，古典的情操从乡音深处召唤着我，对我都有异常的亲切。就这么，每晚就着摇曳的桐油灯光，一遍又一遍，有时低回，有时高亢，我习诵着这些古文，忘情地赞叹骈文的工整典丽，散文的开阖自如。这样的反复吟咏，潜心体会，对于真正进入古人的感情，去呼吸历史，涵泳文化，最为深刻、委婉。日后我在诗文之中展现的古典风格，正以桐油灯下的夜读为其源头。为此，我永远感激父母当日的启发。

不过那时为我启蒙的，还应该一提二舅父孙有孚先生。那时我们是在悦来场的乡下，住在一座朱氏宗祠里，山下是南去的嘉陵江，涛声日夜不断，入夜尤其撼耳。二舅父家就在附近的另一个山头，和朱家祠堂隔谷相望。父亲经常在重庆城里办公，只有母亲带我住在乡下，教授古文这件事就由二舅父来接手。他比父亲要闲，旧学造诣也似较高，而且更加喜欢美文，正合我的抒情倾向。

他为我讲了前后《赤壁赋》和《秋声赋》，一面捧着水烟筒，不时滋滋地抽吸，一面为我娓娓释义，哦哦诵读。他的乡音同于母亲，近于吴侬软语，纤秀之中透出儒雅。他家中藏书不少，最吸引我的是一部插图动人的线装《聊斋志异》。二舅父和父亲那一代，认为这种书轻佻侧艳，只宜偶尔消遣，当然不会鼓励子弟去读。好在二舅父也不怎么反对，课余任我取阅，纵容我神游于人鬼之间。

后来父亲又找来《古文笔法百篇》和《幼学琼林》《东莱博议》之类，抽教了一些。长夏的午后，吃罢绿豆汤，父亲便躺在竹睡椅上，一卷接一卷地细览他的《纲鉴易知录》，一面叹息盛衰之理，我则畅读旧小说，尤其耽看《三国演义》《西游记》《水浒传》，甚至《封神榜》《东周列国志》《七侠五义》《包公案》《平山冷燕》等等也在闲观之列，但看得最入神也最仔细的，是《三国演义》，连草船借箭那一段的《大雾迷江赋》也读了好几遍。至于《儒林外史》和《红楼梦》，是要到进了大学才认真阅读。当时初看《红楼梦》，只觉其婆婆妈妈，很不耐烦，竟半途而废。早在高中时代，我的英文已经颇有进境，可以自修《莎氏乐府本事》（*Tales from Shakespeare: by Charles Lamb*），甚至试译拜伦《海罗德公子游记》（*Childe Harold's Pilgrimage*）的片段。只怪我野心太大，头绪太多，所以读中国作品也未能全力以赴。

我一直认为，不读旧小说难谓中国的读书人。"高眉"（high - brow）的古典文学固然是在诗文与史哲，但"低眉"（low - brow）的旧小说与民谣、地方戏之类，却为市井与江湖的文化所寄，上至骚人墨客，下至走卒贩夫，广为雅俗共赏。身为中国人而不识关公、包公、武松、薛仁贵、孙悟空、林黛玉，是不可思议的。如果说庄、骚、李、杜、韩、柳、欧、苏是古典之葩，则西游、水浒、三国、红楼正是民俗之根，有如圆规，缺其一脚必难成其圆。

读中国的旧小说，至少有两大好处。一是可以认识旧社会的民情风土、市井江湖，为儒道释俗化的三教文化作一注脚；另一则是在文言与白话之间搭一桥梁，俾在两岸自由来往。当代学者慨叹学子中文程度日低，开出来的药方常是"多读古书"。其实目前学生中文之病已近膏肓，勉强吞咽几丸孟子或史记，实在是杯水车薪，无济于事，根柢太弱，虚不受补。倒是旧小说融贯文白，不但语言生动，句法自然，而且平仄妥帖，词汇丰富；用白话写的，有口语的流畅，无西化之夹生，可谓旧社会白话文的"原汤正味"，而用文话写的，如《三国演义》《聊斋志异》与唐人传奇之类，亦属浅近文言，便于白话过渡。加以故事引人入胜，这些小说最能使青年读者潜化于无形，耽读之余，不知不觉就把中文摸熟弄通，虽不足从事什么声韵训诂，至少可以做到文从字顺，达意通情。

我那一代的中学生，非但没有电视，也难得看到电影，甚至广播也不普及。声色之娱，恐怕只有靠话剧了，所以那是话剧的黄金时代。一位穷乡僻壤的少年要享受故事，最方便的方式就是读旧小说。加以考试压力不大，都市娱乐的诱惑不多而且太远，而长夏午寐之余，隆冬雪窗之内，常与诸葛亮、秦叔宝为伍，其乐何输今日的磁碟、录影带、卡拉 OK？而更幸运的，是在"且听下回分解"之余，我们那一代的小"看官"们竟把中文读通了。

同学之间互勉的风气也很重要。巴蜀文风颇盛，民间素来重视旧学，可谓弦歌不辍。我的四川同学家里常见线装藏书，有的可能还是珍本，不免拿来校中炫耀，乃得奇书共赏。当时中学生之间，流行的课外读物分为三类：即古典文学，尤其是旧小说；新文学，尤其是三十年代白话小说；翻译文学，尤其是帝俄与苏联的小说。三类之中，我对后面两类并不太热中，一来因为我勤读英文，进步很快，准备日后直接欣赏原文，至少可读英译本，二来我对当时西化而生硬的新文学文体，多无好感，对一般新诗，尤其是普罗八股，实在看不上眼。同班的吴显恕是蜀人，家多古典藏书，常携来与我共赏，每遇奇文妙句，辄同声啧啧。有一次我们迷上了《西厢记》，爱不释手，甚至会趁下课的十分钟展卷共读，碰上空堂，更并坐在校园的石阶上，膝头摊开张生的苦恋，你一节，我一段，吟咏什么"颠不刺的见了万千，似这般可喜娘的庞儿罕曾见"。后来发现了苏曼殊的《断鸿零雁记》，也激赏了一阵，并传观彼此抄下的佳句。

至于诗词，则除了课本里的少量作品以外，老师和长辈并未着意为我启蒙，倒是性之相近，习以为常，可谓无师自通。当然起初不是真通，只是感性上觉得美，觉得亲切而已。遇到典故多而背景曲折的作品，就感到隔了一层，纷繁的附注也不暇细读。不过热爱却是真的，从初中起就喜欢唐诗，到了高中更兼好五代与宋之词，历大学时代而不衰。

最奇怪的，是我吟咏古诗的方式，虽得闽腔吴调的口授启蒙，兼采二舅父哦叹之音，日后竟然发展成唯我独有的曼吟回唱，一波三折，余韵不绝，跟长辈比较单调的诵法全然相异。五十年来，每逢独处寂寞，例如异国的风朝雪夜，或是高速长途独自驾车，便纵情朗吟"弃我去者昨日之日不可留，乱我心者今日之日多烦忧！"或是"长洪斗落生跳波，轻舟南下如投梭，水师绝叫凫雁起，乱石一线争磋磨！"顿觉太白、东坡就在肘边，一股豪气上涌唐宋。若是吟起更高古的"老骥伏枥，志在千里。烈士暮年，壮心不已"，意兴就更加苍凉了。

《晋书》王敦传说王敦酒后，辄咏曹操这四句古诗，一边用玉如意敲打唾壶作节拍，壶边尽缺。清朝的名诗人龚自珍有这么一首七绝："回肠荡气感精灵，座客苍凉酒半醒。自别吴郎高咏减，珊瑚击碎有谁听？"说的正是这种酒酣耳热，纵情朗吟，而四座共鸣的豪兴。这也正是中国古典诗感性的生命所在。只用今日的国语来读古诗或者默念，只恐永远难以和李杜呼吸相通，太可惜了。

前年十月，我在英国六个城市巡回诵诗。每次在朗诵自己作品六七首的英译之后，我一定选一两首中国古诗，先读其英译，然后朗吟原文。吟声一断，掌声立起，反应之热烈，从无例外。足见诗之朗诵具有超乎意义的感染性，不幸这种感性教育今已荡然无存，与书法同一式微。

去年十二月，我在"第二届中国文学翻译国际研讨会"上，对各国的汉学家报告我中译王尔德喜剧《温夫人的扇子》的经验，说王尔德的文字好炫才气，每令译者"望洋兴叹"而难以下笔，但是有些地方碰巧，我的译文也会胜过他的原文。众多学者吃了一惊，一起抬头等待下文。我说："有些地方，例如对仗，英文根本比不上中文。在这种地方，原文不如译文，不是王尔德不如我，而是他捞过了界，竟以英文的弱点来碰中文的强势。"

我以身为中国人自豪，更以能使用中文为幸。

一九九三年一月

赏读

2017 年 12 月 14 日，著名作家余光中先生于台湾逝世，一时间，那首名闻遐迩的经典之作《乡愁》，再度火爆互联网，"小时候/乡愁是一枚小小的邮票/我在这头……"余光中的读者们纷纷吟诵起他的诗篇，以此来缅怀这位文学大师。

余光中驰骋文坛几十年，自谓"右手写诗，左手为文"，在文坛素有"诗文双璧"的美名，著名作家梁实秋曾称赞他"成就之高，一时无两"。

余光中虽然学的是外文系，但对汉语表达却情有独钟，而且见解非凡。丰富的文学创作经验和真切的翻译感受，加上数十年斟酌古今、涵泳中西的文字运用经历，使得余光中深谙文言白话之利弊、中外语言之差异。面对中文的式微态势，余光中大声疾呼，痛陈其弊，曾写出《哀中文之式微》《横行的洋文》等文章，将自己对汉语表达和中文美学的独特认识，公告天下。

作为一位具有浓厚汉语传统韵味的文字工作者，余光中的汉语（国文）学习是怎么起步的？是如何启蒙的？遇到了什么特别的人？经历哪些有趣的事？本文即是余光中表达自己的国文情结的一篇回忆性散文，对于中小学生来说，本文也可以视为一位长者，倚坐窗前，或举目远眺，或捋须沉思，深情讲述自己的国文教育故事。

一下笔，余光中就睿智地洞察出人生的一个大问题："每个人的童年未必都像童话，但是至少该像童年。"并由此深深浩叹当下学子的"童年丢失"现象，童年的余光中"尽管贫于物质，却富于自然，裕于时光，稚小的我乃得以亲近山水，且涵泳中国的文学"，这样迷人的童年，借助他文雅的语言，更加增添几分魅惑。

"我相信一个人的中文根柢，必须深固于中学时代"，余光中如是告诫读者们。余光中的中学时代是怎样的呢？

作者首先忆及两位国文老师，"学问和口才都颇出众"的陈梦家先生以及自有一份孤傲的北京师范大学出身的先生。看似随意的简略叙述中，实则彰显了国文启蒙教师的重要性。接下来，隆重推出了他佩服之至的前清拔贡戴伯琼先生。戴先生的川腔吟诵，"对于体味古文或诗词的意境，最具感性的功效"，戴先生对经典古文的熟稔，则传递出了中文涵养的修为路径。

除了学校里的老师，余光中还谈到了家庭的课外研修。除了父母外，作者还特别提到了那位可亲可敬的二舅父孙有孚先生，那位"纵容我神游于人鬼之间"的家庭老师。在这里，余光中几乎开了一个中学生的阅读书目，并特别强调读中国的旧小说的好处，它们"最能使青年读者潜化于无形，耽读之余，不知不觉就把中文摸热弄通，虽不足从事什么声韵训诂，至少可以做到文从字顺，达意通情"，这是否告诉我们，中文的修炼，必经之道就是"大量阅读"呢？

除了老师、亲人外，还有谁能启蒙国文呢？作者的回答是同学。文章最后，余光中宕开一笔，着意强调了"吟咏古诗"对于提高国文修养的重要价值。

余光中，余光中，真的是一辈子在做"光大中文"之事。

最后，让我们记住这位跨世纪老者的灵魂直白吧："我以身为中国人自豪，更以能使用中文为幸。"

语言魔方[①]

斯 妤

　　我的老家有一句朴素之至却寓意深远的话，叫做：一种米养百样人。

　　年轻的时候，自然不懂，或者说不可能真正懂得这样质朴而深沉的话。一种米大概是晓得的，无论如何闽南一带除了大米也没有别的米，不像北方，有小米，黑米，玉米，还有和大米一样大小的大麦小麦。可是百样人呢？什么叫做百样人？百样人应该各个什么模样呢？

　　在众多饱受理想主义教育又迷恋文学的青年男女那里，人和米一样简单明白。男人嘛，不是保尔·柯察金，就是牛虻，而女人，自然不是卓娅就是冬妮亚了。

　　及至过了十年，二十年，见过了那么多的人，经历过了那么多的事，吃够了那么多的大苦头，小苦头，蓦然回首，方才明白，所有的经验、所有的感叹都早已在那简单之至的老话里了，那一句明白晓畅的"一种米养百样人"！

---

　　① 选自《文字内外》（江苏文艺出版社 2008 年版），有改动。斯妤，1954 年出生，福建厦门人。著有《竖琴的影子》《两种生活》等。

（就像见过了百态人生，回过头再读最原始、最本初的《新旧约全书》，你只好感叹佩服：所有的人性面孔，人生道理，《圣经》里都已提及！）

百样人之丰富之诡谲之芜杂之深不可测自然令我们感慨万千，它甚至还有可能使胆怯脆弱的我们从此对人心生恐惧，不再亲近。可是这时我们多么庆幸我们是执笔为文的啊。既然人使我们心生恐惧，不敢亲近，那么我们就画地为牢好了，我们就躲在自己的躯壳里好了。不必伸手伸脚，不必勾肩搭背，只需探头探脑，只需冷眼旁观。默默地观察，审视，研究，默默地勾勒，描写，再现，既不必身临其境，强迫自己做朋友，做敌人，做同事，做下级，也不必时而欢声笑语，时而匕首投枪——这是，真的，这是多么可庆幸的事啊。

明白了"一种米养百样人"之后，我们的反应和这句话一样简单直白。

只是这句话依然给我无限的联想。

那是关于语言的。

你想，汉语也是只有一种，汉语也像大米一样，不是一粒一粒就是一串一串，不是一串一串就是一堆一堆，可是只有一种的汉语能够衍生、派生、催生、诞生出多少不同的语意、寓意、情境、情景、风格、风采、思路、思维、内涵、外延啊！

套用前面那句老话，简直可以说：一种语言繁衍百样图景。

其实，岂止是百样图景？一种语言所能演化催生的，是无限的，无边无际的。

几千，几万，十几万个汉语词汇，就像一个大魔方，任你拼凑组合，变幻融会。你或许写出一个故事，或许画出一个人，或许再现了几个场景，或许复制出一堆对话，或许将你那纷乱复杂的心绪或夸张变形地表现或摄影纪实般地拍摄下来……你想到的，它表达了，你没有想到的，它也悄没声地出现了。甚至你本来反对的，不赞成的，怀疑的，在那支沙沙移动的笔下，也不动声色地改变了。你背叛了你的初衷，你反对起你的本性，你一进入纸上世界，你就被纸上世界的五光十色所感染，你的枯寂，颓丧，无望，全都在这五光十色、喧嚣复杂的营构中，一点一点地遗失，消融，瓦解了。

你甚至重新找到了"活着"的依据，那就是：

建造一种纸上生活。

"不求改变现存，但求映照现存，思索现存。"你说。

于是，你越发天天埋首于那只有一种的汉语中，你着迷似的繁衍百样人生，百样图景，而忘记了真实生命只有一次。忘记了你的生命，将在日复一日的虚构中，一寸一寸耗尽。

赏读

作为女性散文作家中的杰出代表，斯妤的文字有一种独特的个性和韵味。斯妤写真人，抒真情，显真我，现真诚，使亲情、友情、爱情以及生命的真谛在其笔下汩汩流淌。她拓展了散文的内蕴与形式，在新时期文学史上占有一席之地。亦如斯妤自己所说："我近乎执拗地在散文这个小小的空间里着力耕耘，发愿要在它的内涵、形式、风格上有所拓展。"

在一篇散文中，斯妤曾这样告白："我曾经在纸上信手写下这么一句话：语言是我钟爱所在。虽然它是信手写下的，但我想作为一个写作人，语言无疑是我倾心交结，希望引为知己的。我爱它犹如爱自己的眼睛。"

本文正是斯妤关于语言的一次发自肺腑的礼赞，题目"语言魔方"，以一个常见的生活玩具"魔方"，形象生动地表达了'语言'迷人的魅力所在。

但是作者下笔并没有直接谈语言，而是宕开一笔，从一句朴素之至的家乡谚语"一种米养百样人"说起。

乍一看，我们完全会以为作者要跟我们畅谈人生道理。你看，作者深入这句话里，谈自己对"米"的认识，谈自己对"百样人"的不解，及至真正明白这句话的内涵之后，作者庆幸自己能够选择执笔为文的生活，可以远离生活中的种种恐惧。

可是，这些人生感悟与"语言魔方"有什么关系呢？

作为一位职业作家，斯妤对语言有着职业的敏感和联想的自觉。

于是很自然地，作者由"一种米"想到了"语言"，由"一种米养百样人"联想到了"一种语言繁衍百样图景"。

在作者看来，其实远不止"百样"，"几千，几万，十几万个汉语词汇，就像一个大魔方，任你拼凑组合，变幻融会"，语言的模仿显然比大米的模仿，更为魔幻，纸上的世界显然比生活的世界更为魔力十足。终于，作者仿佛有如神助，悟到了活着与写作的关联："活着"的依据，那就是建造一种纸上生活。

在一次采访中，斯妤说："一个真正的写作人是天生的，这种天生不仅仅指才情，同时也指他对于语言魅力毫无二心的臣服，指他对于内心舒展、精神归依的重视。这份臣服和重视远胜于常人，足以抵御浮华喧嚣的物质世界的侵扰和诱惑。"

这是写作者对语言的神圣崇拜！

好的作者，一定是玩转语言魔方的盖世高手。

值得注意的是，斯妤的散文语言，总能显示出"自我"的个性色彩，在遣词造句中，斯妤形成了自己独特的语言风格。即便是这篇带有议论性质的散文，我们依然能窥见作者的语言驾驭能耐。本文最为突出的是，斯妤的遣词技艺，让人叹为观止。

比如"男人嘛，不是保尔·柯察金，就是牛虻，而女人，自然不是卓娅就是冬妮亚了"，将几个名字并置一起，显得诙谐幽默又意味深长；而"百样人之丰富之诡谲之芜杂之深不可测……"一句中，词语排列的密度之大，大大超出了一般人的择词想象；又比如"不必伸手伸脚，不必勾肩搭背，只需探头探脑，只需冷眼旁观。默默地观察，审视，研究，默默地勾勒，描写，再现，既不必身临其境"，带有排比气势的词语鱼贯而出，或四字词叠加，或两字词叠加，词语丰富多姿，而在"可是只有一种的汉语能够衍生、派生、催生、诞生出多少不同的语意、寓意、情境、情景、风格、风采、思路、思维、内涵、外延啊"一句中，词语的同异运用，则足见作者驾驭词语的机智、娴熟和老道。

斯妤的散文就是这样，她带你进入一个语词密林的曼妙世界，让你流连忘返、啧啧称奇。作为中学生，我们要特别注意吸收和借鉴。

"揉面"

——谈语言①

汪曾祺

语言是艺术

语言本身是艺术，不只是工具。

写小说用的语言，文学的语言，不是口头语言，而是书面语言。是视觉的语言，不是听觉的语言。有的作家的语言离开口语较远，比如鲁迅；有的作家的语言比较接近口语，比如老舍。即使是老舍，我们可以说他的语言接近口语，甚至是口语化，但不能说他用口语写作，他用的是经过加工的口语。老舍是北京人，他的小说里用了很多北京话。陈建功、林斤澜、中杰英的小说里也用了不少北京话。但是他们并不是用北京话写作。他们只是吸取了北京话的词汇，尤其是北京人说话的神气、劲头、"味儿"。他们在北京人说话的基础上创造了各自的艺术语言。

小说是写给人看的，不是写给人听的。

---

① 选自《汪曾祺全集》（北京师范大学出版社 1998 年版），有改动。汪曾祺（1920—1997），江苏高邮人。著有《受戒》《沙家浜》等。

外国人有给自己的亲友读自己的作品的习惯。普希金给老保姆读过诗。屠格涅夫给托尔斯泰读过自己的小说。效果不知如何。中国字不是拼音文字。中国的有文化的人，与其说是用汉语思维，不如说是用汉字思维。汉字的同音字又非常多。因此，很多中国作品不太宜于朗诵。

比如鲁迅的《高老夫子》：

他大吃一惊，至于连《中国历史教科书》也失手落在地上了，因为脑壳上突然遭到了什么东西的一击。他倒退两步，定睛看时，一枝夭斜的树枝横在他的面前，已被他的头撞得树叶都微微发抖。他赶紧弯腰去拾书本，书旁边竖着一块木牌，上面写道——

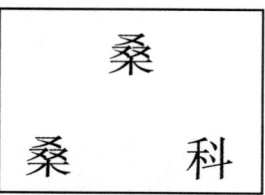

看小说看到这里，谁都忍不住失声一笑。如果单是听，是觉不出那么可笑的。

有的诗是专门写来朗诵的。但是有的朗诵诗阅读的效果比耳听还更好一些。比如柯仲平的诗：

人在冰上走，
水在冰下流……

这写得很美。但是听朗诵的都是识字的，并且大都是有一定的诗的素养的，他们还是把听觉转化成视觉的（人的感觉是相通的），实际还是在想象中看到了那几个字。如果叫一个不识字的，没有文学素养的普通农民来听，大概不会感受到那样的意境，那样浓厚的诗意。"老妪都解"不难，叫老妪都能欣赏就不那么容易。"离离原上草"，老妪未必都能击节。

我是不太赞成电台朗诵诗和小说，尤其是配了乐。我觉得这常常限制了甚至损伤了原作的意境。听这种朗诵总觉得是隔着袜子挠痒痒，很不过瘾，不若直接看书痛快。

文学作品的语言和口语最大的不同是精炼。高尔基说契诃夫可以用一个字说了很多意思。这在说话时很难办到，而且也不必要。过于简炼，甚至使人听不明白。张寿臣的单口相声，看印出来的本子，会觉得很罗嗦，但是说相声就得那么说，才明白。反之，老舍的小说也不能当相声来说。

其次还有字的颜色、形象、声音。

中国字原来是象形文字，它包含形、音、义三个部分。形、音，是会对义产生影响的。中国人习惯于望"文"生义。"浩瀚"必非小水，"涓涓"定是细流。木玄虚的《海赋》里用了许多三点水的字，许多摹拟水的声音的词，这有点近于魔道。但是中国字有这些特点，是不能不注意的。

说小说的语言是视觉语言，不是说它没有声音。前已说过，人的感觉是相通的。声音美是语言美的很重要的因素。一个有文学修养的人，对文字训练有素的人，是会直接从字上"看"出它的声音的。中国语言因为有"调"，即"四声"，所以特别富于音乐性。一个搞文字的人，不能不讲一点声音之道。"前有浮声，则后有切响"，沈约把语言声音的规律概括得很扼要。简单地说，就是平仄声要交错使用。一句话都是平声或都是仄声，一顺边，是很难听的。京剧《智取威虎山》里有一句唱词，原来是"迎来春天换人间"，毛主席给改了一个字，把"天"字改成"色"字。有一点旧诗词训练的人都会知道，除了"色"字更具体之外，全句声音上要好听得多。原来全句六个平声字，声音太飘，改一个声音沉重的"色"字，一下子就扳过来了。写小说不比写诗词，不能有那样严的格律，但不能不追求语言的声音美，要训练自己的耳朵。一个写小说的人，如果学写一点旧诗、曲艺、戏曲的唱词，是有好处的。

外国话没有四声，但有类似中国的双声叠韵。高尔基曾批评一个作家的作品，说他用"嘶"音的字太多，很难听。

中国语言里还有对仗这个东西。

中国旧诗用五七言，而文章中多用四六字句。骈体文固然是这样，骈四俪六；就是散文也是这样。尤其是四字句。四字句多，几乎成了汉语的一个特色。没有一篇文章找不出大量的四字句。如果有意避免四字句，便会形成一种非常奇特的拗体，适当地运用一些四字句，可以造成文章的稳定感。

我们现在写作时所用的语言，绝大部分是前人已经用过，在文章里写过的。有的语言，如果知道它的来历，便会产生联想，使这一句话有更丰富的意义。比如毛主席的诗："落花时节读华章"，如果不知出处，"落花时节"，就只是落花的时节。如果读过杜甫的诗"岐王宅里寻常见，崔九堂前几度闻。正是江南好风景，落花时节又逢君"，就会知道"落花时节"就包含着久别重逢的意思，就可产生联想。《沙家浜》里有两句唱词："垒起七星灶，铜壶煮三江"，是从苏东坡的诗"大瓢贮月归春瓮，小杓分江入夜瓶"脱胎出来的。我们许多的语言，自觉或不自觉地，都是从前人的语言中脱胎而出的。如果平日留心，积学有素，就会如有源之水，触处成文。否则就会下笔枯窘，想要用一个词句，一时却找它不出。

语言是要磨练，要学的。

怎样学习语言？——随时随地。

首先是向群众学习。

我在张家口听见一个饲养员批评一个有点个人英雄主义的组长：

"一个人再能，当不了四堵墙。旗杆再高，还得有两块石头夹着。"

我觉得这是很好的语言。

我刚到北京京剧团不久，听见一个同志说：

"有枣没枣打三杆，你知道哪块云彩里有雨啊？"

我觉得这也是很好的语言。

一次，我回乡，听家乡人谈过去运河的水位很高，说是站在河堤上可以"踢水洗脚"，我觉得这非常生动。

我在电车上听见一个幼儿园的孩子念一首大概是孩子们自己编的儿歌：

山上有个洞，

洞里有个碗，

碗里有块肉，

你吃了，我尝了，

我的故事讲完了！

他翻来覆去地念，分明从这种语言的游戏里得到很大的快乐。我反复地听着，也能感受到他的快乐。我觉得这首几乎是没有意义的儿歌的音节很美。我也捉摸出中国语言除了押韵之外还可以押调。"尝""完"并不押韵，但是同是阳平，放在一起，产生一种很好玩的音乐感。

《礼记》的《月令》写得很美。

各地的"九九歌"是非常好的诗。

只要你留心，在大街上，在电车上，从人们的谈话中，从广告招贴上，你每天都能学到几句很好的语言。

其次是读书。

我要劝告青年作者，趁现在还年轻，多背几篇古文，背几首诗词，熟读一些现代作家的作品。

即使是看外国的翻译作品，也注意它的语言。我是从契诃夫、海明威、萨洛扬的语言中学到一些东西的。

读一点戏曲、曲艺、民歌。

我在《说说唱唱》当编辑的时候，看到一篇来稿，一个小戏，人物是一个小炉匠，上场念了两句对子：

风吹一炉火，

锤打万点金。

我觉得很美。

一九四七年，我在上海翻看一本老戏考，有一段滩簧，一个旦角上场唱了一句：

春风弹动半天霞。

我大为惊异：这是李贺的诗！

二十多年前，看到一首傣族的民歌，只有两句，至今忘记不了：

斧头砍过的再生树，

战争留下的孤儿。

巴甫连柯有一句名言："作家是用手思索的。"得不断地写，才能扪触到语言。老舍先生告诉过我，说他有得写，没得写，每天至少要写五百字。有一次我和他一同开会，有一位同志作了一个冗长而空洞的发言，老舍先生似听不听，他在一张纸上把几个人的姓名连缀在一起，编了一副对联：

伏园焦菊隐

老舍黄药眠

一个作家应该从语言中得到快乐，正像电车上那个念儿歌的孩子一样。

董其昌见一个书家写一个便条也很用心，问他为什么这样，这位书家说："即此便是练字。"作家应该随时锻炼自己的语言，写一封信，一个便条，甚至是一个检查，也要力求语言准确合度。

鲁迅的书信，日记，都是好文章。

语言学中有一个术语，叫做"语感"。作家要锻炼自己对于语言的感觉。

王安石曾见一个青年诗人写的诗，绝句，写的是在宫廷中值班，很欣赏。其中的第三句是"日长奏罢长杨赋"，王安石给改了一下，变成"日长奏赋长杨罢"，且说"诗家语必此等乃健"。为什么这样一改就"健"了呢？写小说的，不必写"日长奏赋长杨罢"这样的句子，但要能体会如何便"健"。要能体会峭拔、委婉、流利、安详、沉痛……

建议青年作家研究研究老作家的手稿，捉摸他为什么改两个字，为什么要把那两个字颠倒一下。

"如鱼饮水，冷暖自知"，语言艺术有时是可以意会，难于言传的。

揉　　面

使用语言，譬如揉面。面要揉到了，才软熟，筋道，有劲儿。水和面粉本来是两不相干的，多揉揉，水和面的分子就发生了变化。写作也是这样，下笔之前，要把语言在手里反复抟弄。我的习惯是，打好腹稿。我写京剧剧本，一段唱词，二十来句，我是想得每一句都能背下来，才落笔的。写小说，要把全篇大体想好。怎样开头，怎样结尾，都想好。在写每一段之间，我是想得几乎能背下来，才写的（写的时候自然会又有些变化）。写出后，如果不满意，我就把原稿扔在一边，重新写过。我不习惯在原稿上涂改。在原稿上涂改，我觉得很别扭，思路纷杂，文气不贯。

曾见一些青年同志写作，写一句，想一句。我觉得这样写出来的语言往往是松的，散的，不成"个儿"，没有咬劲。

有一位评论家说我的语言有点特别，拆开来看，每一句都很平淡，放在一起，就有点味道。我想谁的语言不是这样？拆开来，不都是平平常常的话？

中国人写字，除了笔法，还讲究"行气"。包世臣说王羲之的字，看起来大大小小，单看一个字，也不见怎么好，放在一起，字的笔划之间，字与字之间，就如"老翁携带幼孙，顾盼有情，痛痒相关"。安排语言，也是这样。一个词，一个词；一句，一句；痛痒相关，互相映带，才能姿势横生，气韵生动。

中国人写文章讲究"文气"，这是很有道理的。

自铸新词

托尔斯泰称赞过这样的语言："菌子已经没有了，但是菌子的气味留在空气里。"以为这写得很美。好像是屠格涅夫曾经这样描写一棵大树被伐倒："大树叹息着，庄重地倒下了。"这写得非常真实。"庄重"真好！我们来写，也许会写出"慢慢地倒下""沉重地倒下"，写不出"庄重"。鲁迅的《药》这样描写枯草："枯草支支直立，有如铜丝。"大概还没有一个人用"铜丝"来形容过稀疏瘦硬的秋草。《高老夫子》里有这样几句话："我没有再教下去的意思。女学堂真不知道要闹成什么样子。我辈正经人，确乎犯不上酱在一起……""酱在一起"，真是妙绝（高老夫子是绍兴人。如果写的是北京人，就只能说"犯不上一块掺和"，那味道可就差远了）。

我的老师沈从文在《边城》里两次写翠翠拉船，所用字眼不一样，一次是：

有时过渡的是从川东过茶峒的小牛，是羊群，是新娘子的花轿，翠翠必争着作渡船夫，站在船头，懒懒的攀引缆索，让船缓缓的过去。

又一次：

翠翠斜睨了客人一眼，见客人正盯着她，便把脸背过去，抿着嘴儿，不声不响，很自负的拉着那条横缆。

"懒懒的""很自负的"，都是很平常的字眼，但是没有人这样用过。要知道盯着翠翠的客人是翠翠所喜欢的傩送二老，于是"很自负的"四个字在这里就有了很多很深的意思了。

我曾在一篇小说里描写过火车的灯光："车窗蜜黄色的灯光连续地映在果园东边的树墙子上，一方块，一方块，川流不息地追赶着。"在另一篇小说里描写过夜里的马："正在安静地、严肃地咀嚼着草料。"自以为写得很贴切。"追赶""严肃"都不是新鲜字眼，但是它表达了我自己在生活中捕捉到的印象。

一个作家要养成一种习惯，时时观察生活，并把自己的印象用清晰的、明确的语言表达出来。写下来也可以。不写下来，就记住（真正用自己的眼睛观察到的印象是不易忘记的）。记忆里保存了这种常用语言固定住的印象多了，写作时就会从笔端流出，不觉吃力。

语言的独创，不是去杜撰一些"谁也不懂的形容词之类"。好的语言都是平平常常的，人人能懂，并且也可能说得出来的语言——只是他没有说出来。人人心中所有，笔下所无。"红杏枝头春意闹""满宫明月梨花白"都是这样。"闹"字、"白"字，有什么稀奇呢？然而，未经人道。

写小说不比写散文诗，语言不必那样精致。但是好的小说里总要有一点散文诗。

语言要和人物贴近

我初学写小说时喜欢把人物的对话写得很漂亮，有诗意，有哲理，有时甚至很"玄"。沈从文先生对我说："你这是两个聪明脑壳打架！"他的意思是说这不像真人说的话。托尔斯泰说过："人是不能用警句交谈的。"

尼采的"苏鲁支语录"是一个哲人的独白。吉伯维的《先知》讲的是一些箴言。这都不是人物的对话。《朱子语类》是讲道德，谈学问的，倒是谈得很自然，很亲切，没有那么多道学气，像一个活人说的话。我劝青年同志不妨看看这本书，从里面可以学习语言。

《史记》里用口语记述了很多人的对话，很生动。"伙颐，涉之为王沉沉者！"写出了陈涉的乡人乍见皇帝时的惊叹（"伙颐"历来的注家解释不一，我以为这就是一个状声的感叹词，用现在的字写出来就是："嗬咦！"）。《世说新语》里记录了很多人的对话，寥寥数语，风度宛然。张岱记两个老者去逛一处林园，婆娑其间，一老者说："真是蓬莱仙境了也！"另一个老者说："个边哪有这样！"生动之至，而且一听就是绍兴话。《聊斋志异·翩翩》写两个少妇对话："一日，有少妇笑入！曰：'翩翩小鬼头快活死！薛姑子好梦几时做得？'女迎笑曰：'花城娘子，贵趾久弗涉，今日西南风紧，吹送来也——小哥子抱得末？'曰：'又一小婢子。'女笑曰：'花娘子瓦窑哉！——那弗将来？'曰：'方鸣之，睡却矣。'"这对话是用文言文写的，但是神态跃然纸上。

写对话就应该这样，普普通通，家常理短，有一点人物性格、神态，不能有多少深文大义。——写戏稍稍不同，戏剧的对话有时可以"提高"一点，可以讲一点"字儿话"，大篇大论，讲一点哲理，甚至可以说格言。

可是现在不少青年同志写小说时，也像我初学写作时一样，喜欢让人物讲一些他不可能讲的话，而且用了很多辞藻。有的小说写农民，讲的却是城里的大学生讲的话，——大学生也未必那样讲话。

不单是对话，就是叙述、描写的语言，也要和所写的人物"靠"。

我最近看了一个青年作家写的小说，小说用的是第一人称，小说中的"我"是一个才入小学的孩子，写的是"我"的一个同桌的女同学，这未尝不可。但是这个"我"对他的小同学的印象却是："她长得很纤秀。"这是不可能的。小学生的语言里不可能有这个词。

有的小说，是写农村的。对话是农民的语言，叙述却是知识分子的语言，叙述和对话脱节。

小说里所描写的景物，不但要是作者眼中所见，而且要是所写的人物的眼中所见。对景物的感受，得是人物的感受。不能离开人物，单写作者自己的感受。作者得设身处地，和人物感同身受。小说的颜色、声音、形象、气氛，得和所写的人物水乳交融，浑然一体。就是说，小说的每一个字，都渗透了人物。写景，就是写人。

契诃夫曾听一个农民描写海，说："海是大的。"这很美。一个农民眼中的海也就是这样。如果在写农民的小说中，有海，说海是如何苍茫、浩瀚、蔚蓝……统统都不对。我曾经坐火车经过张家口坝上草原，有几里地，开满了手掌大的蓝色的马兰花，我觉得真是到了一个童话的世界。我后来写一个孩子坐牛车通过这片地，本是顺理成章，可以写成：他觉得到了一个童话的世界。但是我不能这样写，因为这个孩子是个农村的孩子，他没有念过书，在他的语言里没有"童话"这样的概念。我只能写：他好像在一个梦里。我写一个从山里来的放羊的孩子看一个农业科学研究所的温室，温室里冬天也结黄瓜，结西红柿：西红柿那样红，黄瓜那样绿，好像上了颜色一样。我只能这样写。"好像上了颜色一样"，这就是这个放羊娃的感受。如果稍为写得华丽一点，就不真实。

有的作者有鲜明的个人风格，可以不用署名，一看就知是某人的作品。但是他的各篇作品的风格又不一样。作者的语言风格每因所写的人物、题材而异。契诃夫写《万卡》和写《草原》《黑修士》所用的语言是很不相同的。作者所写的题材愈广泛，他的风格也是愈易多样。

我写《徙》里用了一些文言的句子，如"呜呼，先生之泽远矣"，"墓草萋萋，落照昏黄，歌声犹在，斯人邈矣"。因为写的是一个旧社会的国文教员。写《受戒》《大淖记事》，就不能用这样的语言。

作者对所写的人物的感情、态度，决定一篇小说的调子，也就是风格。鲁迅写《故乡》《伤逝》和《高老夫子》《肥皂》的感情很不一样。对闰土、涓生有深浅不同的同情，而对高尔础、四铭则是不同的厌恶。因此，调子也不同。高晓声写《拣珍珠》和《陈奂生上城》的调子不同，王蒙的《说客盈门》和《风筝飘带》几乎不像是一个人写的。我写的《受戒》《大淖记事》，抒情的成分多一些，因为我很喜爱所写的人，《异秉》里的人物很可笑，也很可悲悯，所以文体上也就亦庄亦谐。

我觉得一篇小说的开头很难，难的是定全篇的调子。如果对人物的感情、态度把握住了，调子定准了，下面就会写得很顺畅。如果对人物的感情、态度把握不稳，心里没底，或是有什么顾虑，往往就会觉得手生荆棘，有时会半途而废。

作者对所写的人、事，总是有个态度，有感情的。在外国叫做"倾向性"，在中国叫做"褒贬"。但是作者的态度、感情不能跳出故事去单独表现，只能融化在叙述和描写之中，流露于字里行间，这叫做"春秋笔法"。

正如恩格斯所说：倾向性不要特别地说出。

一九八二年一月八日

载一九八二年第三期《花溪》

赏读

汪曾祺，中国当代著名作家。

他被誉为"京派的最后一个作家"，是"中国最后一个士大夫"。同样是作家的贾平凹，在一首诗中这样评价汪曾祺："（他）是一文狐，修炼成老精。"而原文化部部长王蒙给汪曾祺文学馆题了八个字"天真隽永，自在风流"，以此来表达他对汪曾祺文品和人品的赞美。

汪曾祺一生坎坷，却情趣广泛，博学多识。深受中国传统文化濡染的汪曾祺，其写作执意追求着一种熔铸了传统诗性的审美追求，他的作品弥漫着古典文化意蕴，散发着浓郁的诗意气息，风格空灵而淡远，含蓄而优美，具有独特的艺术魅力。汪曾祺通过他的创作唤醒了沉睡已久的汉语美感，激发了那些隐藏在唐诗、宋词、元曲之间现代语词的光辉，证明了中华美文在白话文时代同样可以熠熠生辉。

在文学创作之余，汪曾祺也喜欢写一些文学评论性的文章，借此阐发他对于写作的感悟和理解。汪曾祺非常重视小说语言，曾直接地说"写小说就是写语言"。本文即是他关于文学语言洞见的一次大汇合，在一定程度上刷新了我们对语言的许多认识偏差。

在汪曾祺看来，语言不只是工具，"语言本身是艺术"，文学的语言，不是口头语言，而是书面语言，文学作品的语言和口语最大的不同是精炼，很多中国作品不太宜于朗诵，中巨语言讲求对仗，语言是要磨炼、要随时随地学的。

在汪曾祺看来，写作就像揉面，语言就像水和面粉，要把语言在手里反复"抟弄"，才会"软熟，筋道，有劲儿"，安排语言则要像老翁携带幼孙，顾盼有情，痛痒相关，这样才能姿势横生，气韵生动。

在汪曾祺看来，语言运用要讲究遣词用字，要学会"自铸新词"，好的语言应当都是平平常常的，人人能懂，人人心中所有，但笔下所无。

在汪曾祺看来，语言一定要和人物贴近，无论对话还是叙述、描写的语言，要和所写的人物"靠"，不能离开人物，单写作者自己的感受，小说的每一个字，都应当渗透了人物，写景，就是要写入，所写的人、事，总是要有倾向性。

这篇文章虽然有些长，但写得通俗易懂，样例丰富，读起来轻松，但蕴含的语用道理却极为深邃，通篇充盈着一位文字耕耘者的感悟与洞见。关于语言，汪曾祺有一段话，对于我们理解汉语运用，特别有启发意义，他说："语言不只是一种形式，一种手段，应该提到内容的高度来认识……语言不是外部的东西。它是和内容思想同时存在，不可剥离的。语言不能像桔子皮一样，可以剥下来，扔掉。世界上没有没有语言的思想，也没有没有思想的语言。……语言是小说的本体，不是附加，可有可无的。"

一篇谈论文学语言的学术性文章，何以写得如此浅近易懂呢？除了回避那些艰深晦涩的学术概念之外，还在于作者运用了大量的语言例子。举例论证是重要的论证方法之一，作者用例水平极高，左右逢源，驾轻就熟，既有经典作家的作品案例，比如鲁迅的《高老夫子》，比如司马迁的《史记》，又有凡夫俗子的生活案例，比如饲养员的批评，幼儿园孩子的儿歌，显然，这与作者平时广泛阅读和用心积累是分不开的。

纵观汪曾祺的文学创作杂谈，可以发现，他对语言的论述占据着相当重的比例，作为一位优秀的当代作家，汪曾祺的语言观是他对中国文学语言的一种经验总结和实践思考，是一笔宝贵的写作指导财富。我们还可以参阅其他一些篇目，深入了解汪曾祺的语言认识与实践追求。

饮食与汉语①

杨德峰

中国的"吃"举世闻名，这不仅表现在中国的食物非常丰富，种类非常繁多，而且表现在烹制方法上有自己独特的一面。中国各地有各地的特色，形成了著名的八大菜系：川菜、鲁菜、粤菜、淮扬菜、湘菜、浙菜、闽菜、徽菜。这八大菜系中，又以川菜、鲁菜、粤菜、淮扬菜四大菜系最有名，它们已经称誉世界。

中国菜追求色、香、味、形，不仅讲究用料，而且还讲究火候、刀法和造型等，因此可以说是一种艺术。但是由于各菜系的不同，侧重点也不同。

川菜的最大特点是擅长调味，"一菜一味，百菜百味"。鲁菜擅长河鲜、海鲜的烹制，且以做汤闻名。粤菜以食物广泛而著称，上至飞禽，下至走兽，无所不做，无所不吃，虫、蛇、鼠、猴，都可以入食。淮扬菜注重火工和造型，讲究原汤原

---

① 选自《汉语与文化交际》（北京大学出版社 1999 年版），有改动。杨德峰，1964年出生，河南省罗山县人。著有《汉语与文化交际》《汉语的结构和句子研究》。

味，口味以清淡见称。

正因为如此，长期以来，中国就形成了自己独特的饮食文化，在汉语中，有关"吃""喝"的词语或说法比比皆是，人们对"吃"和"喝"是如此的熟悉，以至于随时随地都可以顺手拈来，加以引申或比喻。下面我们就来具体地看看汉语与饮食的关系。

一、食物

在汉语中常常利用食物的外部形状或食物自身的属性，通过比喻、夸张、借代来描绘人物的外貌、心理、行为、好恶等。像"软面团""菜包子"，比喻性格怯懦无能的人。"刀子嘴，豆腐心"比喻嘴厉害，但心却很软。"闷葫芦"比喻沉默寡言的人。"姜是老的辣"比喻老人经验丰富。"空心萝卜"比喻色厉内荏的人。"奶油小生"比喻面孔白嫩的男青年。"脸像橘子皮"形容脸上的皱纹很多，很难看。"西葫芦脑袋"形容脑袋长得像西葫芦一样难看。"蒜头鼻子"形容鼻子像蒜头一样。"装蒜"比喻假装不知道。"豆芽菜"形容非常瘦。"三块豆腐高"形容个子矮胖。

汉语常常用食物来比喻女性。在古人的笔下，美女常常被描写成：杏仁眼、樱桃小嘴、瓜子脸、项如嫩藕、乳似馒头、指如葱根、口若含贝。这种描写不仅很恰当，而且很生动形象，简直栩栩如生了。实际上，以上这些比喻已经成了经典，现代人也常常用来描写女性。

食物的特点在汉语中同样可以为喻。中国人喜欢吃油腻的食物，因此对"肥""油"就自然有好感。语言中"肥"和"油"常常加以引申，表示利益或好处。例如："富得流油"比喻非常富裕，"捞油水"比喻从中得到好处。"揩油水"比喻占便宜，"油水大"比喻好处或利益多，"他找了个肥缺"意思为他找了个收入或好处很多的职位。但是"油"还有另外一个特点，即东西沾上油以后很光滑，由此又引申出"油滑"的比喻义，像"那家伙真油"，其中的"油"就是这个意思。汉语中还有"老油子"和"老油条"的说法，它们多用来借指熟谙世事、明哲保身的人。

面粉比较松散、柔软，因此常常用来比喻慢性子。像"你真面""面瓜"，意思都是动作或反应慢，做事不着急。

醋是一种佐食的调料，性酸，但不知何时，人们把它与女性联系在一起了。女人生性爱嫉妒，所以戏称爱"吃醋"；"醋坛子"比喻嫉妒心极强的女性；"醋性大发"比喻顿生嫉妒之心。

二、与吃有关的动作

与吃有关的动词很多，像"馋""垂涎""尝""啃""嚼""品""吞（咽）""噎""饱""撑"等，这些词为每个人所熟悉，因此它们具有很大的能产性，汉语中由这些词组成的词语也非常多。

看到别人吃东西，自己也想吃，那么就是嘴馋，由此引发出"眼馋""垂涎三尺""垂涎欲滴"；由"尝"字组成的词语或说法也很多，像"尝试""尝尽了苦头""尝尝我的厉害""尝尽了甘苦""备尝艰辛""饱尝老拳"等就是。"啃"是一种很费劲的事，于是引申出了"啃书本""敢啃硬""蚂蚁啃骨头"等说法。"嚼"是一种费时、费力的事，由此引申出了"咀嚼""嚼舌""咬文嚼字"等说法。仔细品尝并加以评价是"品评"，对别人说三道四是"评头品足"，"品位不高"意思是人或事物的层次不高。由"吞"这一动作而引申出"吞并""侵吞""独吞""囫囵吞枣""生吞活剥"等词语。"噎"这一动作引申出"噎人""噎得半死""因噎废食""噎回去"等。由"饱"引申出来的词语或比喻更多，"中饱私囊"比喻把别人或公家的财物占为己有；"大饱眼福"比喻大开眼界；"饱经风霜"比喻历经坎坷或磨难；"饱学之士"比喻学识渊博的人；"吃饱了撑的"比喻无缘无故做某事。由"撑"这一动作引申出了"撑死胆大的，饿死胆小的"，"这件衣服撑死一百块钱"等说法。

三、味道

味道有酸、甜、苦、辣、淡、香、臭等，汉语中常常用来比喻复杂的人生。

"酸"字多用来描写一个人的书生气，像"寒酸""穷酸""酸溜溜"等等就是。"酸"也可以是人的身体的感觉，如"腰酸""他鼻子一酸，就哭了起来"。正因为如此，"酸"字又可以引申出表示情感悲痛的意思，像

"辛酸""悲酸""酸楚"等，都是表示情感不舒服的意思。

"甜"是一种美好的味道，因此"甜"又引申出"美好"等意思，像"甜言蜜语""睡得很甜""生活甜美""大有甜头""苦尽甜来"等，其中的"甜"字都是"好"的意思。"甜"也可以描绘人的相貌言语。形容女孩容貌姣好，惹人喜爱，可以说"长得很甜""笑得很甜"。"嘴甜"指说出的话让人爱听。

"苦"是一种不舒服的味道，因此含"苦"字的词与含有"甜"字的词意思相反，常常含有"艰难""挫折"等意思，像"甘苦""辛苦""苦难""苦头""苦酒""吃过很多苦"等等，这些词语或句子中的"苦"都有不好的意思。

"辣"是一种刺激强烈的味道，它常常用来比喻性格火爆、言语尖刻等，多用于形容女人。如"泼辣""辣货""小辣椒""辣妹子"，这些都成了描写女性的专用词语。由于"辣"有"火辣辣、热辣辣"的感觉，所以又引申出"狠毒""厉害"等意思，像"毒辣""心狠手辣"。

"淡"构成的词语也随处可见，像"平淡""冷淡""淡漠""淡忘""淡季""轻描淡写"等等。

"香"在汉语中是普遍受人欢迎的味道，所以含"香"的词都表示受重视、青睐，例如："他在单位很吃香。""香饽饽"本来是一种食品，可是却也引申为受青睐的人，例如："你是咱们单位的香饽饽。""香"还可以引申出"好"的意思，例如："他现在吃得香，睡得香，无忧无虑。"

"臭"和"香"则形成一种对比，在汉语中常有"讨厌""蔑视"的意思，例如："臭架子""臭老九""臭手""臭文章""臭骂一顿""臭名远扬""臭不可闻""臭开车的"等等。除此之外，汉语中还有很多由"臭"构成的惯用说法，像"臭了一条街""他在我们单位臭得很""今年这样的衣服臭了街了""那么好的一个球都让他踢飞了，真臭"等等，真可谓"臭"名远扬了。

另外"臊""馊""腥"这三味也不是好的味道，由此引申出的用法也都不好，像"臊狐狸"是骂人的话；"馊主意"指不好的主意；"一条鱼腥一锅汤"比喻坏事情虽小，但是影响很大，常常使整个集体受到牵连。

四、跟吃有关的工具

跟吃有关的工具，也经常出现在汉语中，形成各种词语或固定的用法，用来比喻人间万象。

碗是改革开放以后在现代汉语中使用最多、用法最活的一个字。人们从"碗"的制作材料着眼，创造了"泥饭碗""铁饭碗""金饭碗"等词语。"泥饭碗"表示工作无保障，随时都有失业的危险。"铁饭碗"则相反，表示工作有保障，不会失业，如"老师端的是铁饭碗"。"金饭碗"表示称心如意的工作。口语中由"碗"组成的惯用说法比比皆是，像"吃这碗饭""这碗饭不好吃""谁坏我的事，我就砸谁的饭碗""端人碗，听人管""丢了饭碗""砸了饭碗""你得罪他，饭碗就成问题了"等等。

刀是用来切菜的工具，汉语中也常常引以为喻，像"二把刀"比喻技术不熟练或不到家。"刀子嘴，豆腐心"中的"刀子嘴"形容嘴很厉害，说话入木三分。"刀架脖子上"比喻事情处于危机之中。"刀山"形容十分危险的地方。"游刃有余"表示技术熟练、精湛。

勺在汉语中也有不少比喻用法，像"一勺烩"比喻不区别对待或一网打尽；"漏勺"本来是一种炊具，但也常常用来比喻做事丢三落四。

瓶是一种容器，由于它可以用来盛各种东西，因此就有了"五味瓶"的比喻，表示五味俱全，心情复杂不好受。"新瓶装老酒"比喻外表改变了但内容并没有变化。"一瓶子不满，半瓶子晃荡"，比喻学识浅薄者爱显露，学问大的人不好张扬。类似的说法还有"打翻了五味瓶"。

盘（碟）也有不少比喻用法，像"杯盘狼藉"比喻吃完饭后餐桌上乱糟糟的样子；"全盘"意思为全部；"看人下菜碟"比喻不同的人区别对待。

锅是最常用的炊具，因此它的比喻和引申用法也就更多，像"吃大锅饭"比喻平均主义；"吃着碗里，看着锅里"比喻贪婪或贪心；"砸锅了"比喻失败；"砸锅卖铁"比喻不惜一切代价；"背黑锅"比喻替人受过；"连锅端"比喻彻底消灭；"一锅烩"比喻不分好坏或主次，也比喻一网打尽；"打破沙锅璺到底"比喻爱钻牛角尖；"找米下锅"比喻主动想办法；学得不到家，或技术不够精湛，应该"回回锅"。如此等等，不一而足。

灶也常常用来作比喻，例如"开小灶"比喻个别辅导，表示同一个意思的还有"吃小灶"。"另起炉灶"比喻推翻原来的，重新开始。

桶是用来打水或盛水的工具，但也同样有不少比喻。像"十五个吊桶打水，七上八下"比喻心情不安定；"饭桶"比喻没有能力的人；"酒桶"形容喝酒多。

吃的感觉有表示厌烦不满的"腻烦""腻味""腻歪"；表示憎恶的"令人作呕""叫人恶心"；表示兴趣的"合口味""对口味""胃口很大""胃口大开""吊胃口""反胃"等等。

五、食物的制作过程或方式

食物的制作过程或方式，在汉语中也有妙用。

做菜的关键在于生熟，"生""熟"在汉语中有大量的引申用法：熟悉、熟人、熟思、熟练、熟手、熟路，陌生、生人、生分、生硬、生疏、生米煮成熟饭。汉族人喜熟忌生的饮食习惯在汉语中也有所表现：做事恰如其分是"把握好火候"；事情没达到理想的地步叫"欠火候"或"火候不到"；"夹生饭"不能吃；"人生地不熟"是很麻烦的事。

中国的烹饪方法十分复杂，常见的有煎、熬、炒、爆、焖、煮、炸等。这些词语在汉语中也经常被引申或借用，用来比喻万事万物。

煎是一种烹调方法，可以煎鱼，由此引申出煎熬。"皖南事变"发生后，周恩来非常气愤，写下了"同室操戈，相煎何急"。

熬的特点是费工夫，因此引申出"熬夜""这些年总算熬过来了""熬年头""三十年的媳妇熬成婆"。

炒也有很多引申的用法，如"炒卖""炒外汇""炒股票""炒鱿鱼""炒冷饭""炒夹生饭"等等。眼下又出现了"炒老板""炒经理"等说法，大有无所不炒的趋势。

"爆"有"爆冷门""爆棚""爆满""火爆"。

"煮"组成的词语相对来说要少一些，像"煮饺子"比喻人很多；"生米煮成了熟饭"比喻事实无法更改。

六、其他

汉语中与吃有关的词语和用法远远不止以上这些，除了前面提到的以外，还有很多。例如"油嘴滑舌"表示说话油滑；"茶壶里煮饺子"表示心里有数；"鸡蛋里挑骨头"表示故意找毛病；"小菜一碟"表示轻而易举；"乱成一锅粥"表示十分混乱；"泡汤了"表示事情失败了；"半瓶子醋"表示一知半解；"露馅"表示阴谋败露；"包子有馅不在褶上"表示有真本事不露；"心急吃不了热豆腐"表示办事着急。如此等等，不一而足。

饮和食是同本同源的，因此跟饮有关的字，也有很多引申的用法。"醉"可以构成"醉人、沉醉、陶醉、醉心"。"酒"有很多惯用语用法，像"今朝有酒今朝醉"比喻只顾眼前，不考虑将来；"酒香不怕巷子深"比喻东西好不怕没人知道；"敬酒不吃吃罚酒"比喻不知好歹；"酒肉朋友"指只是吃喝朋友，即不是真正的朋友；"酒逢知己千杯少，话不投机半句多"比喻知己相逢；"醉翁之意不在酒"比喻真实的意图在别的方面；"感情深，一口闷；感情浅，舔一舔"更是把喝酒上升到感情的高度了。

赏读

这真是一篇知识丰富、主题突出、趣味盎然的文字。

我们知道，中国文化中有两个重要特色，一是中国话，二是中国菜。前者是说，后者是吃；前者关系汉语，后者关系饮食。两者虽然都与"嘴"有关，但两者到底有什么密切关系呢？北京大学博士生导师杨德峰教授，在《汉语与文化交际》一书中，专辟一章，畅谈了这个问题。

中国的"吃"举世闻名，这不仅表现在中国的食物非常丰富，种类非常繁多，而且表现在烹制方法上有自己独特的一面；由于"吃"与"说"密切相关，显然，关于吃的中国"话"，一定也是丰富繁多，独具特色的。顺着这样的思路，作者在占有大量资料的基础上，将饮食与汉语的关系，条分缕析，揭示得清清楚楚。

写文章有两种非常重要而富有创意的运思方式，一是寻找联系，二是分类整理。本文在这两点上，都有突出的表现。

在寻找联系上，作者将天天要进行的"饮食活动"和天天要使用的"汉语表达"联系到了一起，比如面团与软面团、樱桃与樱桃小嘴、油与富得流油、醋与醋性大发、涎与垂涎三尺、吞与生吞活剥、撑与吃饱了撑的、碗与丢了饭碗、碟与看人下菜碟等，与饮食有关的各类食物或行为，作者都擅长延伸到我们日用而不知的"日常说法"上来，由此产生了生动有趣的联系。

分类的本质就是变换视角。在分类整理上，作者为了讨论"饮食"与"汉语"的密切关系，以"饮食"为切入口，从食物、与吃有关的动作、味道、跟吃有关的工具、食物的制作过程或方式以及其他六个视角加以分类，将每一种类型再寻找与汉语表达的联系，这样一来，文章内容丰富但多而不乱，严谨有序而不会交叉重叠，既有利于文章的展开，也有利于读者的接受。

其实，从文章写作的准备来看，我们可以推想，作者为了深入分析饮食与汉语的关系，一定做了大量的资料搜集与整理的工作，因为准备充分，资料翔实，所以文章写得饱满而生动，辅之以逻辑上的分类联系，整篇文章给人的感觉完整有序。这也启发我们，对于像这种带有研究性的现象分析文章，我们应当尽可能占有更多的资料，要把写作准备放到一个非常重要的位置来看待。

切磋琢磨

1. 日前，美国《洛杉矶时报》的一则报道激起千层浪：由于汉语拼音输入法的普及，以拼音输入的方式发手机短信及电脑打字，正在取代拥有数千年传统的一笔一画的汉字书写，越来越多的中国人不记得如何用笔书写汉字。该报道还引用了《中国青年报》的调查：在2 072名受访者中，83%的人承认写字有困难……

对此，有人认为汉字只是一种书写工具，提笔忘字正是与时俱进的必然结果；也有人担心汉字书写的弱化，会面临汉字文化的式微。

请到图书馆或互联网查阅相关资料，以"二十一世纪的汉字未来"为主题，给国家语言文字工作委员会写一封信，谈谈你的观点和建议。

2. 《汉语的危机》（文化艺术出版社，2005年版）的"序"中有一段话：

当我们身处"全球化""国际化"的热浪中时，便会感到汉语已经越来越面临着危机。有人说："国家汉语战略值得反思。"新中国成立后，国家全面推行了以汉字简化和汉语普通话为核心的国家语言文字战略。不可否认，它对国家的政治、经济、社会和文化的发展都起到了巨大的推动作用。然而时代走到今天，我们应该拿出足够的理性和耐心，全面检视其社会影响，从历史的发展和民族未来的高度，客观地对其做出评价。于是有人试问："谁来拯救汉语？"

现在，请你写一篇文章，回答"谁来拯救汉语？"这个问题。

3. 汉语言文字作为中国文化最重要的载体，几乎涉及了生活的方方面面。汉语文化已经渗透到中华民族的每一个角落。杨德峰的《饮食与汉语》只是洞察汉语文化的其中一个视角，感受汉语的魅力，一定还有很多类似的视角，值得我们去整理、去探究、去思索。比如，中国境内各式各样的地名，其实就跟汉语表达有密切关系；又比如，五彩缤纷的服饰也一定跟汉语表达有密切关系。

你会想到什么视角来洞察汉语文化呢？请借鉴《饮食与汉语》的写作运思方式，写出一篇类似于"地名与汉语"或"服饰与汉语"这样的文章。

辞采的魅力

导读

简明、扼要、畅快是一种吸引。有人说过："汉语是世界语言里最简约的一个语种，同样表达一个意义，如果英文要 60 秒，汉语 5 秒就够了。"

魅力的基本，是吸引人的力量。魅的本义是"貌美的鬼"。鲍照《芜城赋》写道："木魅山鬼，野鼠城狐，风嗥雨啸，昏见晨趋。"

"魑魅魍魉"与魅常同构，指的是地府中四种不同类型的鬼。其中魑是受屈的鬼，魅是夭折的鬼，魍是孤魂野鬼，魉是其他类型的鬼。

又有一说，魅是山魈，猕猴的一种，尾巴很短，脸蓝色，鼻子红色，嘴上有白须，全身呈黑褐色，腹部白色，多群居。

汉字的由来，象形象声，而神灵，幽游其中，这也是汉字在漫长的演变过程中，始终未脱尽最原初的生气和野性的缘故。通常而言，鬼总是面目狰狞，与邪恶神异相连。而貌美的鬼，通常是女鬼，有魅，就另当别论。

相违相悖的物事，面貌神灵同构于形异之中，它所产生的感观和心灵的悸动，可想而知。一个足以令人联想阴曹地府黑暗的汉字，却读出了一个令人销魂的音韵，何况还有字形的诡诘迷幻！

《左传·宣公三年》："魑魅魍魉，莫能逢之。"此意，魅不可多见，魅之力，不可多得，乃罕世也。

本部分所选的范文，强调的是"辞采的魅力"。声音、节奏、花疏、秋老、孤寂、内敛……讲究的都是辞采的形与神。而这些，不一而足，可说是形影之光色，有魅其中。而魅鬼之夭折之态，可谓迷离。无去踪，无来者，如魅，不可多见，无能多得，乃文辞中罕者。美矣，而知魅之难哉！

散文的声音节奏[①]

朱光潜

　　咬文嚼字应从意义和声音两方面着眼。上篇我们只谈推敲字义，没有提到声音。声音与意义本不能强分，有时意义在声音上见出还比在习惯的联想上见出更微妙，所以有人认为讲究声音是行文的最重要的功夫。我们把这问题特别另作专篇来讨论，也就因为这个缘故。我们把诗除外，因为诗要讲音律，是人人都知道的，而且从前人在这方面已经说过很多的话。至于散文的声音节奏在西方虽有语音学专家研究，在我国还很少有人注意。一般人谈话写文章（尤其是写语体文），都咕咕喽喽地滚将下去，管他什么声音节奏！

　　从前人作古文，对声音节奏却也很讲究。朱子说："韩退之、苏明允作文，敞一生之精力，皆从古人声响处学。"韩退之自己也说："气盛则言之短长，声之高下，皆宜。"清朝桐城派文家学古文，特重朗诵，用意就在揣摩声音节奏。刘海峰谈文，说："学者求神气而得之音节，求音节而得之字句，思过

---

　　① 选自《谈文学》（北京大学出版社 2013 年版），有改动。朱光潜（1897—1986），安徽桐城人。著有《悲剧心理学》《无言之美》等。

半矣。"姚姬传甚至谓:"文章之精妙不出字句声色之间,舍此便无可窥寻。"此外古人推重声音的话还很多,引不胜引。

声音对于古文的重要可以从几个实例中看出。

范文正公作《严先生祠堂记》,收尾四句歌是:"云山苍苍,江水泱泱,先生之德,山高水长。"他的朋友李太伯看见,就告诉他:"公此文一出名世,只一字未妥。"他问何字,李太伯说:"先生之德不如改先生之风。"他听了很高兴,就依着改了。"德"字与"风"字在意义上固然不同,最重要的分别还在声音上面。"德"字仄声音哑,没有"风"字那么沉重响亮。

相传欧阳公作《画锦堂记》已经把稿子交给来求的人,而那人回去已经走得很远了,猛然想到开头两句"仕宦至将相,锦衣归故乡",应加上两个"而"字,改为"仕宦而至将相,锦衣而归故乡",立刻就派人骑快马去追赶,好把那两个"而"字加上。我们如果把原句和改句朗诵来比较看,就会明白这两个"而"字关系确实重大。原句气局促,改句便很舒畅;原句意直率,改句便有抑扬顿挫。从这个实例看,我们也可以知道音与义不能强分,更动了声音就连带地更动了意义。"仕宦而至将相"比"仕宦至将相"意思多了一个转折,要深一层。

古文难于用虚字,最重要的虚字不外承转词(如上文"而"字),肯否助词(如"视之,石也"的"也"字),以及惊叹疑问词(如"独吾君也乎哉"句尾三虚字)几大类。普通说话声音所表现的神情也就在承转、肯否、惊叹、疑问等地方见出,所以古文讲究声音,特别在虚字上做功夫。《孔子家语》往往抄袭《檀弓》而省略虚字,神情便比原文差得远。例如"仲子亦犹行古之道也"(《檀弓》)比"仲子亦犹行古人之道"(《孔子家语》),"予恶夫涕之无从也"(《檀弓》)比"予恶夫涕而无以将之"(《孔子家语》),"夫子为弗闻也者而过之"(《檀弓》)比"夫子为之隐佯不闻以过之"(《孔子家语》),风味都较隽永。柳子厚《钻姆潭记》收尾"于以见天之高,气之迥,孰使予乐居夷而忘故土者,非兹潭与欤?"如果省去两个"之"字为"天高气迥",省去"也"字为"非兹潭欤"风味也就不如原文。

古文讲究声音,原不完全在虚字上面,但虚字最为紧要。此外段落的起伏开合,句的长短,字的平仄,文的骈散,都与声音有关。这须拿整篇文章来分析,才说得明白,不是本文篇幅所许可的。从前文学批评家常用"气势""神韵""骨力""姿态"等词,看来好像有些弄玄虚,其实他们所指的只是种种不同的声音节奏，声音节奏在科学文里可不深究，在文学文里却是一个最主要的成分，因为文学须表现情趣，而情趣就大半要靠声音节奏来表现，犹如在说话时，情感表现于文字意义的少，表现于语言腔调的多，是一个道理。从前人研究古文，特别着重朗诵。姚姬传说："大抵学古文者必要放声疾读，又缓读，只久之自悟。若但能默看，即终身做外行也。"读有读的道理，就是从字句中抓住声音节奏，从声音节奏中抓住作者的情趣、"气势"或"神韵"。自己作文，也要常拿来读读，才见出声音是否响亮，节奏是否流畅。

领悟文字的声音节奏，是一件极有趣的事。普通人以为这要耳朵灵敏，因为声音要用耳朵听才生感觉。就我个人的经验来说，耳朵固然要紧，但是还不如周身筋肉。我读音调铿锵、节奏流畅的文章，周身筋肉仿佛做同样有节奏的运动；紧张，或是舒缓，都产生出极愉快的感觉。如果音调节奏上有毛病，我的周身筋肉都感觉局促不安，好像听厨子刮锅烟似的。我自己在作文时，如果碰上兴会，筋肉方面也仿佛在奏乐、在跑马、在荡舟，想停也停不住。如果意兴不佳，思路枯涩，这种内在的筋肉节奏就不存在，尽管费力写，写出来的文章总是吱咯吱咯的，像没有调好的弦子。我因此深信声音节奏对于文章是第一件要事。

我们放弃了古文来作语体文，是否还应该讲声音节奏呢？维护古文的人以为语体文没有音调，不能拉着嗓子读，于是就认为这是语体文的一个罪状。作语体文的人往往回答说：文章原来只是让人看的，不是让人唱的，根本就用不着什么音调。我看这两方面的话都不很妥当。既然是文章，无论古今中外，都离不掉声音节奏。古文和语体文的不同，不在声音节奏的有无，而在声音节奏形式化的程度大小。古文的声音节奏多少是偏于形式的，你读任何文章，大致都可以拖着差不多的调子。古文能够拉着嗓子读，原因也就在它总有个形式化的典型，犹如歌有乐谱，固然每篇好文章于根据这典型以外还自有个性。语体文的声音节奏就是日常语言的，自然流露，不主故常。我们不能拉着嗓子读语体文，正如我们不能拉着嗓子谈话一样。但是语体文必须念着顺口，像谈话一样，可以在长短、轻重、缓急二面显出情感思想的变化和生展。古文好比京戏，语体文好比话剧。它们的分别是理想与写实，形式化与自然流露的分别。如果讲究得好，我相信语体文比古文的声音节奏应该更生动、更有味。

不拘形式，纯任自然，这是语体文声音节奏的特别优点。因此，古文的声音节奏容易分析，语体文的声音节奏却不易分析。刘海峰所说的"无一定之律，而有一定之妙"，用在语体文比用在古文上面还更恰当。我因为要举例说明语体文的声音节奏，拿《红楼梦》和《儒林外史》来分析，又拿老舍、朱自清、沈从文几位文字写得比较好的作家来分析，我没有发现旁的诀窍，除掉"自然""干净""浏朗"几个优点以外。比如说《红楼梦》二十八回宝玉向黛玉说心事：

> 当初姑娘来了，那不是我陪着顽笑！凭我心爱的，姑娘要，就拿去；我爱吃的，听见姑娘也爱吃，连忙的收拾得干干净净，收着；等着姑娘到来，一桌子吃饭，一床儿上睡觉。丫头们想不到的，我怕姑娘生气，我替丫头们想到。我心里想着：姊妹们从小儿长大，亲也罢，热也罢，和气到了底，才见的比别人好。如今谁承望姑娘人大心大，不把我放在眼睛里！

这只是随便挑出的，你把全段念着看，看它多么顺口，多么能表情，一点不做作，一点不拖沓。如果你会念，你会发现它里面也有很好的声音节奏。它有骈散交错，长短相间，起伏顿挫种种道理在里面，虽然这些都是出于自然，没有很显著的痕迹。

我也分析过一些写得不很好的语体文，发现文章既写得不好，声音节奏也就不响亮流畅。它的基本原因当然在作者的思路不清楚，情趣没有洗练得好，以及驾驭文字的能力薄弱。单从表面看，语体文的声音节奏有毛病，大致不外两个原因。第一个原因是文白杂糅，像下面随意在流行的文学刊物上抄来的两段：

> 摆夷的垄山多半是在接近村寨的地方，并且是树林荫翳，备极森严。其中荒冢累累，更增凄凉的成分。这种垄山恐怕就是古代公有墓园的遗风。故祭垄除崇拜创造宇宙的神灵外，还有崇拜祖先的动机。

> 他的丑相依然露在外面，欺哄得过的无非其同类不求认识人格之人而已。然进一步言之，同类人亦不能欺哄，因同类人了解同类人尤其清楚。不过，有一点可得救的，即他们不求自反自省，所以对人亦不曾，且亦不求分析其最后之人格，此所以他们能自欺兼以欺人……

这些文章既登在刊物上，当然不能算是最坏的例子，可是念起来也就很"别扭"。我们不能像读古文一样拖起调子来哼，又不能用说话或演戏的腔调来说。第一例用了几句不大新鲜的文言，又加上"增""故"两个做文言文用法的字，显得非驴非马，和上下文不调和。第二例除掉杂用文言文的用字法以外，在虚字上面特别不留心。你看："无非……而已……然……不过……即……所以……亦……且亦……此所以……兼以……"一条线索多么纠缠不清！语体文的字和词不够丰富，须在文言文里借用，这是无可反对的。语体文本来有的字和词，丢着不用，去找文言文的代替字，那何不索性作文言文？最不调和的是在语体文中杂用文言文所特有的语句组织，使读者不知是哼好还是念好。比如说，"然进一步言之，同类人亦不能欺哄，因同类人了解同类人尤其清楚"一段话，如果写成纯粹的语体文，就应该是："但是进一步来说，同类人也难得欺哄，因为同类人了解同类人更加清楚。"这样的，我们说起来才顺口，才有自然的节奏。

其次，没有锤炼得好的欧化文在音调节奏上也往往很糟，像下面的例子：

当然这不是说不要想象，而且极需要想象给作品以生动的色彩。但是想象不是幻想而是有事实，或经验做根据。表现可能的事实，这依然对现象忠实，或者更忠实些。我们不求抓住片段的死的事实，而求表现真理。因为真理的生命和常存，那作品也就永远是活的。

春来了，花草的生命充分表现在那嫩绿的枝叶和迷乱的红云般花枝，人的青春也有那可爱的玉般肢体和那苹果似的双颊呈现……

作者很卖气力，我们可以想象得到。但是这样生硬而笨重的句子里面究竟含有什么深奥的道理？第一例像是一段生吞活剥的翻译，思路不清楚，上下不衔接。（例如第一句"而且"妾什么？"可能的事实"成什么话？作者究竟辩护想象，还是主张对现象忠实，还是赞扬真理？）音调节奏更说不上。第二例模仿西文堆砌形容词，把一句话（本来根本不成话，那双颊是人的还是青春的？）掩得冗长，念起来真是佶屈聱牙。从这个实例看，我们可以明白思路和节奏的密切关系，思想错乱，节奏就一定错乱；至于表面上欧化的痕迹还是次要的原因。适宜程度的欧化是理应提倡的，但是本国语文的特性也应当顾到。用外国文语句构造法来运用中文，用不得当，就像用外国话腔调说中国话一样滑稽可笑。

我在这里只是随意举例说明声音节奏上的毛病，对所引用的作者并非要做恶意的批评，还请他们原谅。语体文还在试验时期，错误人人都难免。我们既爱护语体文，就应该努力使它在声音节奏上比较完美些，多给读者一些愉快，少给责难者一些口实。这事要说是难固然是难，要说是容易也实在容易。先把思想情感洗练好，下笔时你就当作你是在谈话，让思想情感源源涌现，力求自然。你在向许多人说话，要说服他们，感动他们，当然不能像普通谈话那样无剪裁，无伦次。你须把话说得干净些，响亮些，有时要斩截些，有时要委婉些。照这样办，你的文章在声音节奏上就不会有毛病。旁人读你的文章，就不但能明白你的意思，而且听得见你的声音，看得见你的笑貌。"如闻其语，如见其人。"你于是成为读者的谈心的朋友，你的话对于他也就亲切有味。

赏读

    本文发表于 20 世纪 40 年代，作者朱光潜在本文中就散文的音律进行了探讨，并提出了把握好语体文即白话文声音节奏的具体做法。

    本文的成文缘由要追溯到 20 世纪初的五四新文化运动。以鲁迅、胡适等人为首的新文化先驱激烈地反对古文，主张以白话文写作。作为香港大学的在读生，当时的朱光潜已具有了西方视野。不过对新文化运动，他最初是"咒骂"的。朱光潜自小接受严格的私塾教育，深受家乡散文学派桐城派熏陶。但最终，他选择接受，摒弃古文，转作白话文。然而这并不代表他完全丢掉了旧学。恰恰相反，他以旧学和新学的双重视野，更加理性地对待古文与白话文之争，从而更好地阐明语体的利弊关系。

    朱光潜意识到旧式文学无法适应现代社会的变化，而西方文学在"用现代语言表现现代思想"上的便利，是值得中国语文借鉴的。他主张，白话文要有适当的欧化，同时也应从文言文中汲取营养，不可机械地照搬西方。朱光潜针对白话文创作产生的问题写了多篇文章，本文是从声音节奏角度谈如何建设现代语体文的。这篇文章，可以充分体现出朱光潜师承桐城派，尤重散文声音节奏的特点。

    朱光潜开篇即谈"有人认为讲究声音是行文的最重要的功夫"。他自己自然也是推崇的。古人做文章极讲究声音节奏，拿桐城派宗师级人物姚鼐的话说："文章之精妙不出字句声色之间，舍此便无可窥寻。"不论是实词，如范仲淹同意改"德"为"风"，还是虚词，如欧阳修添"而"字，皆是实例。虚词以其意义微妙，于声音上尤为重要。我们还可以以韩愈《祭十二郎文》为例："吾年未四十，而视茫茫，而发苍苍，而齿牙动摇。"三个"而"叠加，沉郁顿挫，非同一般。若是去掉"而"字，原文中的沉痛之情立减。

要体会这种玄而又玄的语感，基本只能靠读。朱光潜说："学古文别无奥诀，只要熟读范作多篇，头脑里甚至筋肉里都浸润下那一套架子，那一套腔调，那一套用词造句的姿态，等你下笔一摇，那些'骨力''神韵'就自然而然的来了。"

白话文需要讲究声音节奏吗？朱光潜认为，声音节奏乃天下文章皆有，白话文的出彩之处在于它更顺口、自然，因而更生动活泼，不拘形式。朱光潜举正反例子以说明它的"自然""干净""浏朗"存在之体现与不存在之体现。而好的白话文，声音节奏必然是生动亲切的，如面对面谈话，听得清楚，想得明白。

朱光潜在几年后发表的《敬悼朱佩弦先生》一文中将朱自清的作品作为白话文的典范。他评价说："他的文章简练精炼不让上品古文，用字确是日常语言所用的字，语句声调也确是日常语言所有的声调。就剪裁锤炼说，它的确是文；就字句习惯和节奏说，他也的确是语。任凭文法家去推敲它，不会推敲出什么毛病，可是拿给一般老百姓听，他们也不会感觉有什么别扭。"他所追求确立的现代语体文标准要求语体文既有古文的特性，典雅、精炼，讲究声音节奏；又有适当的欧化，日常、自然。这一白话文写作的要求，直到今天依然值得人们重视。

《短歌行》的讨论①

柯云路

　　孔融又举杯一仰而尽说道："听说丞相府主簿是郑康成郑公外孙女，才华横溢，诗书琴画样样出众，不知丞相是否不吝出示这位陪读？"曹操笑道："有何不可？"他对左右吩咐道："请主簿一同饮酒会客，告诉她客人是一代风骚人物孔融孔大人。"侍从有人"遵命"去了。曹操又想到什么，又对一侍从说："你再去告诉主簿，此并非一般客套应酬，实是诗文酬唱之兴会。"这侍从也去了。孔融笑道："看来这位主簿很清高啊。"曹操对孔融解释道："主簿有其志。非公事或必办之事，其不愿者孤概不强勉。"曹操见曹丕心思不在，又问："你是否有要事？"曹丕连忙说："没有，只是诗文应对，在父亲和孔大人面前，丕实自叹不如。"孔融笑了："曹丕于诗文颇有见地，怎如此谦虚了？"

　　曹操一指旁边挂着的几幅字画说："这是我最近书写的几幅诗文，请文魁星一一评点。"孔融又饮一杯，放怀道："等那

――――――――――――

　　①　选自《曹操与献帝》（人民文学出版社 2014 年版），有改动。柯云路，1946 年出生于上海。著有《新星》《龙年档案》等。

位才女来了，我自有评点。"

曹操看见白芍已在侍从引领下从那边过来，笑而不语。

孔融则仍在放大话："这些诗文，我暂不看，但等那位清高主簿一到，我即兴评点，一试高低。"

白芍已立于孔融身后，听见此话莞尔一笑。

曹操笑着，一指孔融背后。

孔融回头见白芍已在，顿时有些尴尬，也就借酒一抹脸笑了。曹操示意白芍在自己身边坐下，然后又指孔融："好了，就请文魁星现评现点，这里都是我曹某近几年写的诗文。"孔融不客气，抬头将那些条幅顺序扫过："这首《度关山》，'天地间，人为贵'，开篇即太政论，免看了。这首《对酒》诗，'对酒歌，太平时，吏不呼门。王者贤且明，宰相股肱皆忠良。'开篇又太实，不足评。这首《陌上桑》，'驾虹霓，乘赤云，登彼九嶷历玉门。济天汉，至昆仑，见西王母谒东君。'开篇浪漫，四处地名实而不实，有大气象，但苍老有余，仙韵不足，无需往下诵读评点。这一首《短歌行》，'对酒当歌，人生几何？譬如朝露，去日苦多。慨当以慷，忧思难忘。何以解忧？唯有杜康。'开篇诗韵十足，且唯有杜康，对酒当歌，颇合我心。再往下读诵，'青青子衿，悠悠我心。但为君故，沉吟至今。'好，情深意挚，一片悠然！'呦呦鹿鸣，食野之苹。我有嘉宾，鼓瑟吹笙。明明如月，何时可掇？忧从中来，不可断绝。'写到这里丞相诗才显露，再往下，'越陌度阡，枉用相存。契阔谈宴，心念旧恩。'此两句质朴无华，诗意含蕴。再往下，'月明星稀，乌鹊南飞。绕树三匝，何枝可依？山不厌高，海不厌深。周公吐哺，天下归心。'好，好，丞相这首《短歌行》可谓真正上品好诗，评其为千古绝唱也不为太过。"曹操听到这里方露笑意，但孔融言锋一转说道："这最后四句，虽是全诗最佳，但按孔融之见，也不无瑕疵，丞相，得罪了。容孔融借酒一一道来。首先，这'月明星稀'就并非最佳。此诗通篇凄清苍凉，要凄清苍凉，就不如改为'月朗星稀'。为何？'明'者，日月之光也，《易经》中孔子所谓'与日月合其明'也。有日，有月，甚明必显丰盛光大，不合此诗凄清苍凉之境界。而'朗'者，良月也，纯月之光，显然比日月合'明'更凄清，更合全诗意境。所以，月明星稀不如改为月朗星稀也。再往下'乌鹊南飞'，也不无不妥之处，乌者，乌鸦也。鹊者，喜鹊也，乌、鹊二鸟习性不同，并用不妥。乌鸦迁徙之鸟，寒必南去，暖必北归。喜鹊则多为常居之鸟，你可见冬日寒冷，许都喜鹊照留不误，所以，'乌鹊南飞'，不如改为'乌群南飞'。再往下'绕树三匝'，为说南飞之鸟寻落脚处难也，不如改为'绕树七匝'。《易经》中有谓'反复其道，七日来复'，有谓'跻于九陵勿逐七日得'等，都讲七字可谓生灭循环之道，七字有其天行之道韵味也。又往下'何枝可依'，自该改为'何枝可栖'更妥当，鸟落树为栖也，栖者偏旁从木，合鸟落树之义也。依者，人与人相依也，鸟与树不可依，只可栖也。再往下'山不厌高，海不厌深。周公吐哺，天下归心。'又露丞相为政之实也。诗讲比兴虚拟也，此处一落实，则不为美也。好了，孔融放言至此，请丞相海量。但听主簿高论。"

曹操听了孔融这一大篇评论，并不快活，但实知孔融其人也不为怪。他笑笑对白芍说："主簿对孔大人之见有何评点？"

白芍微微一笑："孔大人不过一番戏言耳。"

孔融又饮酒一杯，摆手道："虽借酒兴，实非戏言。不才孔融论诗文从不含糊其词，此处不率真，无可率真也。"白芍仍笑笑不语。曹操说："但言不妨。"又对曹丕说："你也可放言。"曹丕说："父亲诗文，山高海深。还是主簿说吧。"

曹操转看白芍："那还是你说吧。"

白芍本不想说，至此便开口道："孔大人虽是率真之言，白芍则实不敢恭维。"曹操等人一听此话都提了精神，孔融手中酒杯也放下了。白芍说："先说'月明星稀'改为'月朗星稀'，便属毫无道理。明者，虽日月之明，但言日则日之明，言月则月之明，并无日月合明之理。莫非言日之明时，就近乎月亮了，那岂非不明而晦暗了？这里'月明'即是纯月之明也。况且汉字不仅象形会意，且讲究读音。'粗'字何为粗？读音粗也，并非全是会意。'细'字何为细？并非全是会意，读音细也。又如'重'字读音重，'轻'字读音轻，皆为此理也。'明'字，读音韵如冰，如凌，冰凌何等寒凉，如清寒之清，如阴森之阴，'月明星稀'正是清寒苍凉也。而'朗'字，读音韵如高昂之昂，如阳刚之阳，阳刚之刚，都是阳刚之读音，还如郎才女貌之郎，郎，男人也，也是阳刚，还有如汤、如荡等同韵字，皆阳刚，所以'月朗星稀'，反有光大饱满之韵味，恰与全诗清寒苍凉之意境不合也。"

白芍这开篇一番话，就将曹操、孔融说愣。

曹操说："接讲。"

　　白芍接着说道：“再说‘乌鹊南飞’，孔大人讲乌乃乌鸦，属迁徙之鸟，此实属只知其一不知其二也。乌鸦种类很多，有些种类据言是候鸟，冬则南飞，夏则北归。但相当一些乌鸦种类则是常居之鸟，并不冬南夏北迁徙，特别在荒冢连片处，或皇家鹿苑、马场等动物聚集地，乌鸦四季长聚，逢冬多不南飞也。孔大人又讲喜鹊为长居之鸟，许都即如此，此亦只知其一不知其二也。许都四季松柏常青，生气旺盛，喜鹊常居，在很多地方也见喜鹊常居。但岂不知有的地方喜鹊也冬则南飞，夏则北归。孔大人少见寡闻，便下断言。再说乌鹊南飞，既可能是讲乌、鹊二种鸟，也可能是讲乌黑喜鹊一种鸟，还可能将乌鸦称为乌鹊，更可能是笼而统之讲一切鸟。诗凭意境，读之会意联想，不可强为拆解也。若改为‘乌群南飞’实属败笔。”

　　孔融听着颇有些愣怔，脸上挂不住了。曹丕也一时有些忘了自己心思。曹操则又说：“接讲。”

　　白芍又接着说：“‘绕树三匝’，孔大人说改为‘绕树七匝’，还讲《易经》中有‘反复其道，七日来复’之谓，这恐又是酒多言误也。《易经》中有‘七日来复’等言‘七’之说，尚不知《易经》还多有言‘十’之说，所谓‘或益之十朋之龟，弗克违’云云，何不再改为‘绕树十匝’，更显寻落脚处之难？古人讲三思而行，一二少也，不及也，四五繁也，过也，三则可也。四五已繁，七岂不更繁？绕树三匝形容寻觅栖泊之难，有望而当下不达之难，但并非绝望也。绝望了，死心了，无寻觅之心也无寻觅之苦了，连吟诗咏叹都不必了。所以‘绕树七匝’，尤其只能当作孔大人之戏言，否则诗文名流之称实乃贻笑天下了。至于‘何枝可依’改为‘何枝可栖’，更是孔大人戏而又戏之言。诗本比兴，既可以拿乌鹊寻觅之苦比拟人，也可将人之相依比拟乌鹊寻枝而栖。岂能乌鹊只可寻栖不可寻依？”

　　白芍讲到这里又停顿了一下。曹丕听得目光炯炯。孔融听到此反而坦然了。曹操听得一直颔首。这次他没有催白芍接讲。

　　白芍静了静接着把话讲完：“至于最后两句，‘山不厌高，海不厌深。周公吐哺，天下归心。’孔大人讲丞相这里落到他为政的实处，不为美了。其实诗本虚实有道。这时落到实处，正显出诗是丞相这等人写的，通篇质朴归实，反而更美。读诗必联想作诗之人，此诗若非出自丞相这等人，而是出自一个少年狂徒，读来肯定是另一番轻薄感受了。”孔融借酒笑道：“若此诗为我孔融所写，诗末该如何着落？”白芍不假思索，一笑而答：“山不知高，海不知深，文魁才尽，无以自矜。"孔融笑道："无以自矜不过是无以自夸也，不如再改为'文魁才尽，无病呻吟'，岂不更痛快？"

四人全笑了。

孔融接着问白芍："这诗若你写，末尾二句该如何着落？"白芍应语随答："山亦厌高，海亦厌深。移山填海，天下太平。"孔融显得大度笑道："好好，实为才女，名不虚传。再借着酒胆说一句，丞相，你这主簿实是才貌双全啊。"说着他与曹操都笑了。白芍说："知道孔大人今日一番戏言耳，实为给丞相添趣。"孔融点头道："是，是。你今日这一番言论呢？"白芍说："也戏言耳，给孔大人添趣。"

孔融接着说："诗言志，既在有意也在无意。今日主簿自言'移山填海'，此乃精卫之志也。上古神农炎帝之女，为东海淹死，后化为一只鸟名精卫，终日衔西山之石填东海不已。精卫移山填海乃是意志坚强、不畏艰难之象征，也是怀深仇大恨而誓报仇雪恨之象征。不知主簿无意间露出精卫之志，有何深仇大恨而誓报誓雪？"

孔融此话问得锐利，目光也直射白芍。

白芍垂下目光不想回答。

曹操见此哄慰道："好好，我与孔融小孔夫子今日饮酒作乐而已。"又对孔融说："方才论诗，你居了下风，当罚酒三杯。由主簿来罚。"曹操一挥手，左右斟酒满杯。白芍缓了缓神情，举酒递孔融："敬孔大人酒。"

赏读　　　　　选文由孔融请见白芍切入，从孔融和白芍两人的角度分析了曹操的《短歌行》。借助对孔白二人大篇幅的语言描写，选文展现出两种不同的鉴赏角度与鉴赏观点，表现出作者对《短歌行》的独到评价与情感态度。

在选文中，《短歌行》的文辞使用成为讨论的核心内容。在孔融看来，"对酒当歌……唯有杜康"等句诗韵十足，颇有味道；"青青子衿……沉吟至今"等句情深意挚，一派悠然；"呦呦鹿鸣……不可断绝"等句风采彰显，诗才显露；"越陌度阡……心念旧恩"等句质朴无华，诗意含蕴。但是他又认为，"月明星稀"中"明"可改为"朗"——"明"取《易经》中日月合明之意，不合全诗凄清意境，而"朗"即清冷之良月，更合全诗意境；"乌鹊南飞"中"乌鹊"可改为"乌群"，以别乌、鹊二鸟；"绕树三匝"可改为"绕树七匝",不但能凸显南飞之鸟难以落脚,更含天道之韵味;"何枝可依"中"依"应改为"栖",假"栖"之木字偏旁,合飞鸟落树之义;"山不厌高……天下归心"等句显曹操为政之实,不符比兴之虚,于诗之美感有损。

应该说,孔融的点评还是有合理之处的。但是,白芍指出了其评之偏颇。首先,"月明星稀"改"月朗星稀"便有所不当。汉字不仅象形会意,还讲究音韵。而在音韵上,"朗"之音韵光大饱满,"明"之音韵则清寒苍凉;相比之下,"月明星稀"显然更为恰当。其次,"乌鹊南飞"改"乌群南飞"将"乌"和"鹊"强为拆解,破坏了诗的会意联想,实为败笔。再次,"绕树三匝"改"绕树七匝"斟酌欠妥。原诗意指鸟儿寻觅栖泊艰难、有望而未至,但不至于绝望;改后则过于突出落脚之难,破坏了诗的表意平衡,使原有意境顿失;"何枝可依"改"何枝可栖"更显生硬,误解了原诗鸟树相依之意。最后,"山不厌高,海不厌深。周公吐哺,天下归心"暗合曹操本人身份,使全诗质朴归实,反而更美,并不会破坏诗的美感。

除了二人精彩绝伦的讨论以外,作者的语言风采也是悦目娱心的。在人物描写方面,细节描写尤为出彩。比如选文第7自然段中,动作描写"也就借酒一抹脸笑了",表现出孔融放旷不羁的形象特征;后文关于他的语言描写"开篇即太政论,免看了""开篇又太实,不足评""无需往下诵读评点"等,更是把这一特征描绘到了极致。再如后文中对于孔融听到白芍批驳的神态描写和动作描写,"孔融手中酒杯也放下了""白芍这开篇一番话,就将曹操、孔融说愣""孔融听着颇有些愣怔,脸上挂不住了""孔融显得大度笑道"等,生动形象地把孔融的复杂心理变化表现出来,使人物形象更为鲜明。

在行文衔接方面,选文情节连续性强,流畅自然。作者并没有用一些时间点或是衔接词把情节简单拼接起来,而是运用人物的自然反应把情节有机串联起来。比如由选文的开端到发展部分,作者通过众人的对话,使情节自然而然地过渡到孔融对《短歌行》的评论。

在修辞手法方面,作者主要运用了对比的手法,增强了文学性和可读性。比如选文第18自然段中,众人的反应形成了对比,曹丕是"目光炯炯",孔融是"反而坦然了",而曹操是"听得一直颔首",这就把每个人的身份地位、心理活动都细致地描绘出来了。再如人物塑造方面,与孔融的恃才傲物、狂放不羁相比,白芍则显得机慧聪敏、知书达礼,既富于才学,又善于应变,更是一个鲜活的有血有肉的人物。

陀山鹦鹉的情怀①

董 桥

听说，鸣放运动期间，有人要陈寅恪出来讲话，陈先生只说了一句："孟小冬戏唱得较好，当今须生第一，应该找他回来唱戏，以广流传。"话虽浅白，含义深远，十足表现出文化人在文化传统变形的时代里应有的情怀。台湾的琦君一到纽约，就去参观她在内地的老同学陈从周设计的庭园"明轩"，然后写信对陈先生说："我因故乡永嘉花园甚大、甚壮观，看到异国方寸之地，不免感触万千。"琦君文章中，思念浣纱溪畔的往事，陈从周报以依依柳色，不见青青，"人去楼空，旧游飞燕能说"。这也是贪恋传统文化闲处飘香的情怀。

两三年前，我为一本月刊组织一辑《中国情怀》专页，写信求余英时兄赐稿；英时兄很快寄来一篇文章，借"常侨居是山，不忍见耳"一语为题，说他"很喜欢'中国情怀'这个动人的名称"，又说这种情怀确实存在于每一个受过中国文化熏陶的人的身上；他住在美国的时间早已超过住在中国的时

---

① 选自《品味历程》（生活·读书·新知三联书店2002年版），有改动。董桥，1942年出生，福建晋江人。著有《董桥七十》《景泰蓝之夜》等。

间，而且入了美籍，可是，从下意识到显意识，他始终觉得自己是"中国人"。英时兄接着记他一九七九年仲秋的故国之行，游子还乡，不免有些难以为怀的情事，文中抄录的三首诗作，家国之感尤其溢于楮墨，非徒流连景光之作了，读来教人不胜歆歔。

说"中国情怀"，八九是文化的概念，几乎完全可以不牵涉政治意识。我常想，政治只是理念的游戏，龙腾虎掷，锋颖太露；真正可以提升民族的精神层次、加强个人的归属意愿的，还是文化的认同：画檐蛛网，斜阳烟柳，即使是断肠处，也得风流。这是道德情操的定盘针。"昔有鹦鹉飞集陀山，乃山中大火，鹦鹉遥见，入水濡羽，飞而洒之。天神言：尔虽有志意，何足云哉？对曰：常侨居是山，不忍见耳！天神嘉感，即为灭火。"政治家大半不是鹦鹉，陀山一旦大火，他们想到的当然是能不张扬就不张扬，真的隐瞒不住了，只好发动全民救火运动，自己坐享大功；有点文化情怀的寻常百姓则十九是鹦鹉，不计成败，入水濡羽，飞而洒之，因为"不忍见耳"！所以，周亮工《因树屋书影》里说，他的朋友叙述了这段美丽的佛经故事之后慨乎言之："余亦鹦鹉羽间水耳，安知不感动天神，为余灭火？！"中国情怀、文化认同云云，一旦受到现实际遇的考验，应该可以发挥出陀山鹦鹉的操守。

我在海外华人社会里生活了这么些年，常常体会到经济挂帅、政治异化、文化庸俗的现象带来的迷惘之感，觉得中华民族的文化传统价值系统，的确正在经历严酷的考验。精英阶层对社会的繁荣、经济的起飞虽然提供了莫大的贡献，无奈陈映真笔下"MBA 族"的心态猖獗蔓延，不仅迷惑了企管人员的心智，甚至文化人的怀抱也受其感染。这族人都是《天下》杂志所谓"国际化新贵"，"追求的是个人成就与利润，标榜的是价值中立、行事冷静、不带感情"。在商业竞争白热化、政治前途不明朗的地方，商人视野浅短，性情凉薄，也许不失为保身的上策；在故国政统衰敝散涣、道统丧尽尊严的时刻，士人盲目崇洋，胸襟闭塞，当然也是惯见的现象。不过，《新闻周刊》谈论 MBA 道德重整问题，看到股市内线交易等等背信事件蔚然成风，不得不指出美国有识之士已经警觉到，培养 MBA 的过程中，的确应该不忘教导明辨是非的原则。梁实秋先生《清秋琐记》里有一节谈人生的目的。他说："就自然现象而论，一是觅食，以求糊口维生，一是繁殖，以求传宗接代。但人为万物之灵，不仅要满足自然要求，还要进而自立目标。一方面是充实自己，在知识上、情感上、享受上、工作上，都要追求完美。另一方面是图利他人，立功、立德、立言是所谓'太上三不朽'，其实也是人人都应该致力的目标。"这番话说得平平实实，不是惊人的英雄语，却是温厚的学问语，足见弦外有多少中国文化朴真的一面。

当然，立功、立德、立言的经历难免会生不平之意，梁先生于是录过关汉卿的《四块玉》："南亩耕，东山卧，世态人情经历多，闲将往事思量过：贤的是他，愚的是我，争什么？"禅宗棒喝，头头皆是，得意失意都付笑谈之中了。这种处世的乡愁，正是文化意义上丕变出来的中国情怀，很容易在人心中升华成一缕祥和的气韵，教人知所适从，有所为而有所不为。

英时兄给我写过一幅行书，录他故国之行的一首诗："一弯残月渡流沙，访古归来兴倍赊；留得乡音皤却鬓，不知何处是吾家？"家也许不复是当年的家了，但乡音未改，情怀依旧，文化认同的仍是中国的而非西方的；那么，孟小冬的戏，浣纱溪畔的柳色，尽入陀山鹦鹉的眼底，文化的庭园万一着火，定然入水濡羽，飞而洒之。这一点点操守是要有的。

赏读

《陀山鹦鹉的情怀》的作者董桥是一位倾心于传统古典文学的创作者。当时，董桥在为一本月刊组织一辑《中国情怀》专页，写信求余英时赐稿。余英时很快就寄了一篇名为《常侨居是山，不忍见耳》的文章过来。文中流露的对中国传统文化的眷恋和对中国情怀的强烈认同让董桥感触颇深。为了坚定文艺工作者的文化认同，唤醒其内心的中国情怀，董桥写下了这篇文章。全篇没有过多华丽的辞藻，但有作者浓烈的家国情怀做支撑，于平实处尽显汉语魅力。

身为一名文化遗民，董桥是有"文化乡愁"的。在他的文章中频频流露出对中国传统文化的陶醉和关注。"昔有鹦鹉飞集陀山，乃山中大火，鹦鹉遥见，入水濡羽，飞而洒之。天神言：尔虽有志意，何足云哉？对曰：常侨居是山，不忍见耳！"这是董桥对中国传统的深深眷恋。他以陀山鹦鹉象征坚守情怀的文人，以大火象征传统文化的危急现状，以鹦鹉"入水濡羽，飞而洒之"的雄壮颂国人心怀操守、拯救传统的风骨。因为有情怀，所以他的文字是鲜活的，是有温度的。我们仿佛就能看见董桥化身为那只陀山鹦鹉，奔波于山水之间的身影。这里，董桥提到了"政治"和"文化"两个概念。

他认为前者只是"理念的游戏",浮于表面,华而不实;后者才是精神的归属,是"道德情操的定盘针"。他批评那些八面玲珑、缺乏情怀的政治家:寻常百姓尚且知道挑起文化重担、重振国学雄风,政治家们却只在乎避重就轻、坐享大功,"能不张扬就不张扬",与余英时等人的家国之感形成鲜明对比。他用"龙腾虎掷"形容政治"锋颖太露",用"画檐蛛网、斜阳烟柳"这几个中国文学最常用的意象来代表文化,足见其对传统文化的迷恋。

紧接着,董桥又将这两个概念拓展开,延伸到当代的社会背景——经济挂帅、政治异化、文化庸俗——这些都是情怀流失的重要原因。他以"MBA族"为例,着重分析了精英阶层缺乏操守的现象。MBA族"追求的是个人成就与利润",因而在前途不明朗之时,他们为了明哲保身会丧失应有的是非判断能力和原则底线,操守、情怀反倒成了随时可抛的身外之物。这是董桥对社会道德的忧虑。段尾他用梁实秋先生在《清秋琐记》对人生目的的论述回应上述现象:人除了觅食繁殖的自然本能,还应自立目标、充实自己、图利他人。在下一段,他又进一步将道理普适化,指出:若是胸有情怀,功名利禄皆为过眼云烟;心中祥和,"得意失意都付笑谈之中",无论身在何处,灵魂总有归属,总能"知所适从",拿捏分寸,泰然处之。

末了,董桥用余英时的诗发问:"不知何处是吾家?"又自己做出回答:"家也许不复是当年的家了,但乡音未改,情怀依旧,文化认同的仍是中国的而非西方的。"这里的"家"即是指具体意义上的故乡故土,又是指抽象意义的精神家园。即使时过境迁、沧海桑田,国人的根仍旧在中原大地,骨血里溶刻的仍旧是中华本色。他号召"陀山鹦鹉"们在文化庭院着火之时能守土有责,用"这一点点操守"重建精神家园。这是对对人的警示,亦是对后人的启发。

了解董桥的人生经历,不难体会他的"陀山鹦鹉情怀"。董桥出身于书香世家,父亲和启蒙老师皆是国学渊源深厚之人,因此他受到了很好的中国传统文化的熏陶。另外,董桥求学于台湾成功大学外文系,又在英国从事研究和工作多年,后来一直在香港撰文。在他的文章里,既有台湾文化的清丽隽秀,又有英国文化的率直奔放 兼有香港殖民文化的风情醇厚,但更多的是中国传统文化的典雅高贵。

在这篇文章中,董桥用人文情怀与故土之思淬成文章的灵魂,展现了汉语独特的人文魅力,让文章多了一分厚重,多了一分亲切。他的文字很真,用他自己的话说是"用肉做的",每个字都凝聚了他对传统文化浓烈的爱恋；他的文字很雅，有一种浑然天成的"古典美"。这种气质不是单纯地用古语古诗刻意造作出来的，而是顺着他内心对中国文化的情感自然而然产生的，方可达到古雅气清又深透劲锐的境界，虽不是字字珠玑，却句句语重心长，读来让人感同身受、心悦诚服。这不仅仅是因为他的文化体验，更是因为他在文章中注入了他自己的"中国情怀"，才能与读者产生强烈的共鸣。董桥是在用自己的语言去诠释"中国情怀"，去践行文化传承。

西湖忆旧①

琦 君

　　我生长在杭州，也曾在苏州住过短短一段时期。两处都被称为天堂，可是一样天堂，两般情味。这也许因为"钱塘苏小是乡亲"，杭州是我的第二故乡，我对它格外有一份亲切之感。平心而论，杭州风物，确胜苏州。打一个比喻，居苏州如与从名利场中退下的隐者相处，于寂寞中见深远，而年轻人久居便感单调少变化。住杭州则心灵有多种感受。西湖似明眸皓齿的佳人，令人满怀喜悦。古寺名塔似遗世独立的高人逸士，引人发思古幽情。何况秋月春花，四时风光无限，湖山有幸，灵秀独钟。可惜我当时年少春衫薄，把天堂中岁月，等闲过了。莫说旧游似梦，怕的是年事渐长，灵心迟钝，连梦都将梦不到了。因此我要从既清晰亦朦胧的梦境中，追忆点滴往事，以为来日的印证。若他年重回西湖，孤山梅鹤，是否还认得白发故人呢？

---

　　① 选自《琦君散文》（浙江文艺出版社1994年版），有改动。琦君（1917—2006），原名潘希真，出生于浙江永嘉。著有《橘子红了》《青灯有味似儿时》等。

居近湖滨归钓迟

我的家在旗下营一条闹中取静的街道上。街名花市路，后因纪念宋教仁改名教仁街。这条路全长不及三公里，而被一条浣纱溪隔为两段，溪的东边环境清幽。东西浣纱路两岸桃柳缤纷，溪流清澈。过小溪行数百步便是湖滨公园。入夜灯火辉煌，行人如织。先父卜居于此，就为了可以朝夕饱览湖光山色之胜。他曾有两句咏寓所的诗："门临花市占春早，居近湖滨归钓迟。"父亲不谙钓鱼之术，却极爱钓鱼。春日的傍晚，尤其是微雨天，他就带我打着伞，提着小木桶，走向湖滨，雇一只小船，荡到湖边僻静之处，垂下钓线，然后点起一支烟，慢慢儿喷着，望着水面微微牵动的浮沉子而笑。他说钓鱼不是为了要获得鱼，只是享受那一份耐心等待中的快乐。他仿着陶渊明的口吻说："但识静中趣，何须鱼上钓。"他曾随口吟了两句诗："不钓浮名不钓愁，轻风细雨六桥舟。"我马上接着打油道："归来莫笑空空桶，酒满清樽月满楼。"父亲拍手说"好"，我也就大大地得意起来。

西湖十里好烟波

夏夜，由断桥上了垂柳桃花相间的白公堤，缓步行去，就到了平湖秋月。凭着栏杆，可以享受清凉的湖水湖风，可以远眺西湖对岸的黄昏灯火市。临湖水阁中名贤的楹联墨迹，琳琅满目。记得彭玉麟的一副是："凭栏看云影波光，最好是红蓼花疏，白蘋秋老；把酒对琼楼玉宇，莫辜负天心月老，水面风寒。"令人吟诵回环。白公堤的尽头即苏公堤，两堤成斜斜的丁字形，把西湖隔成里外二湖。两条堤就似两条通向神仙世界的长桥。唐朝的白居易和宋朝的苏东坡，两位大诗翁为湖山留下如此美迹，真叫后人感谢不尽。外西湖平波似镜，三潭印月成品字形的三座小宝塔，伸出水面。夜间在塔中点上灯，灯光从圆洞中透出，映在水面。塔影波光，加上蓝天明月的倒影，真不知这个世界有多少个月亮。李白如生时较晚，赶上这种景象，也不至为水中捞月而覆舟了。

六月十八是荷花生日，湖上放起荷花灯，杭州人名之谓"落夜湖"。这一晚，船价大涨，无论谁都乐于被巧笑倩兮的船娘"刨"一次"黄瓜儿"。十八夜的月亮虽已不太圆，却显得分外明亮。湖面上朵朵粉红色的荷花灯，随着摇荡的碧波，飘浮在摇荡的风荷之间，红绿相间。把小小船儿摇进荷叶丛中，头顶上绿云微动，清香的湖风轻柔地吹拂着面颊。耳中听远处笙歌，抬眼望天空的淡月疏星。此时，你真不知道自己是在天上还是人间。如果是无月无灯的夜晚，十里宽的湖面，郁沉沉的，便有一片烟水苍茫之感。

圆荷滴露寄相思

荷花是如此高尚的一种花，宋朝周濂溪赞它出污泥而不染。它的每一部分又都可以吃。有如一位隐士，有出尘的高格，又有济世的胸怀。所以吃莲花也不可认为是煞风景的俗客，而调冰雪藕，更是文人们暑天的韵事。新剥莲蓬，清香可口，莲心可以泡茶，清心养目。莲梗可以作药。诗人还想拿藕丝制衣服，有诗云："自制藕丝衫子薄，为怜辛苦赦春蚕。"如果真有藕丝衫，一定比现代的什么"龙"都柔软凉爽呢。倒是荷衣确是隐者之服，词人说："新着荷衣人未识，年年湖海客。"我想只要能泛小舟徜徉于荷花丛中，也就是远离烦嚣的隐士了。

写至此，我却想起了荷花中的一段故事：那一年仲夏，我陪着从远道归来的姑丈，和见了他就一往情深的云，三人荡舟湖上。从傍晚直至深夜，大家都默默地很少说话。小几上堆了刚出水的红菱，还带着绿色茎叶，云为我们一一地剥着红菱。她细白如兰的手指尖，与鲜嫩的红菱相映成趣。船儿在圆圆的荷叶之间穿来穿去，波光荡漾中，云娇媚的面容有如初绽的红莲。她摘下一片荷叶，漂在水面，水珠儿纷纷滚动在碧绿的丝绒上。我伸手去捉时，它们就顽皮地从手指缝中溜跑了。云说："谁能捉住水珠呢？"姑丈说："我们不就像这些水珠吗？"她深湛的眼神注视了他半晌，低下头微哼一声，没有再说什么。沉默的空气重重地压着我的心。想想他们这一段无可奈何的爱，将如何了结呢？云捡起一片藕，双手折断，藕丝牵得长长的，在细细的风中飘着。她凝视一回，把藕扔在水中。藕丝是否还连着，我就看不清楚了，只看见云的眼中满是泪水。

对岸五彩霓虹灯在闪烁，岸边的世界依旧繁华，我们的船却飘得更远了。到了西泠桥边，冷清清的苏曼殊墓显得更寂寞。这位"才如江海命如丝"的情僧，纵然面壁三年，又何曾斩断情丝？否则他就不会吟"还君一钵无情泪，恨不相逢未剃时"的诗了。那时，我还是一个单纯的高中学生，可是"人间情是何物"，却已困惑了我，使我为旁人而苦恼。

我们舍舟登岸，从湖堤归来，三人并肩走在柏油马路上。尽管荷香阵阵，湖水清凉，我的心却十分沉重，相信他们的心比我更重。姑丈忽然拍拍我的肩说："希望你不要去捉荷叶上的水珠，那是永远捉不住的。"他这话是对我说的吗？

桂花香里啜莲羹

中秋前后，满觉陇桂花盛开。在桂林中散步，脚下踩的是一片黄金色的桂花，像地毯，软绵绵的，一定比西方极乐世界的金沙铺地更舒适！浓郁的桂花香，格外亲切。我那时正读过郁达夫的小说《迟桂花》，文人笔下的哀伤，也深深感染了我。仿佛那可爱的女孩，正从桂花丛中冉冉而来。

桂花林中还产一种嫩栗，剥出来一粒粒都带桂花香。满觉陇一路上都有小竹棚，专卖白莲藕粉栗子羹。走累了，坐下来喝一碗栗子羹，顿觉精神饱满，齿颊留芬。

母亲拿手的点心是桂花枣泥糕，所以我每回远足满觉陇，都要捧一大包撒落的桂花回来，供她做糕。留一部分晒干和入雨前清茶中，更是清香可口。

不知何故，桂花最引我乡愁。在台湾很少闻到桂花香，可是乡愁却更浓重了。

同来此地乞清凉

我们母校之江大学，是国内闻名的名胜之一。它位于钱塘江边，六和塔畔，秦望山麓。弦歌之声，与风涛之声相和，陶冶着每个人的襟怀。

清晨的江水是沉静的。在山上，凝眸远望，江上雾氛未散，水天云树，一片迷蒙。晨曦自红云中透出，把薄雾染成粉红色的轻纱，笼罩着江面。少顷，雾氛散开，江面闪着万道金光，也给你带来满腔希望。

沉静的江水，也有愤怒的时候，那就是月明之夜的汹涌波涛。尤其是中秋前后，钱塘江的潮水，排山倒海而来，蔚为奇观。海宁观潮，不知吸引多少游客。传说钱塘江的潮头有两个，前面的是伍子胥，后面的是文种，春秋时代的两位忠臣，把一腔孤忠悲愤，化为怒潮。吴越王钱镠曾引箭射潮，却不曾把潮头射退，称雄称霸者又何能敌得过大自然？

六和塔是杭州三大名塔之一，另两座是保俶塔和雷峰塔，都是战国时代的建筑。一俊秀，一苍劲，故称为"美人老僧"。雷峰塔因为有法海和尚镇压白蛇在塔下的故事，所以更甚神秘性。而塔因几经火灾已倒塌大半，据说赭色的残砖可以治疗痼疾，游人往往带回一块半块，残缺的古塔，在斜阳映照下，更显得一片苍凉，"雷峰夕照"也就格外的引人低徊。我比较喜爱的还是六和塔，因为它接近人间：朱红的曲槛回廊，和六角飞檐，点缀在波涛壮阔的钱塘江边，更配合年轻人的心情。塔在外表上看去是十三层，登塔却只七层，设计非常巧妙。塔下有许多竹篷摊贩，学生们每天都成群结队来小吃，再买点零食，爬上塔顶边吃边唱歌。虽比不上杜老"振衣千仞冈，濯足万里流"的气概（"振衣千仞冈，濯足万里流"为晋左思《咏史》中句。——编者注），却也真自由自在。从六和塔沿着钱塘江走两三里路，便是九溪十八涧，在九溪茶亭坐下来小憩，沏一壶清茶，买一碟花生米，一碟豆腐干，真有金圣叹说的鸡肉味。山泉清冽中带甜味，溪水潺潺，清可见底。我们常赤脚伸在水中，让小鱼儿吻着脚趾尖。十八涧的美在乎自然，几处茅亭竹屋，点缀于曲折的溪边。假日游人也不多，不像台北近郊的名胜，处处人挤人，想找个座位休息一下，都很难得。使我格外思念那些悠闲无争的岁月，也使我念念不忘老师的四句词："短策暂辞奔竞场，同来此地乞清凉；若能杯水如名淡，应信村茶比酒香。"真是悟道之言，处于今日繁忙的工业社会中，每日被分秒的时间所追赶，身心疲乏不堪。真想暂离开奔竞之场，可是教从何处乞得片刻清凉呢？

枝上花开又十年

花园别墅，亦为西湖点染了不少风光。其中给我印象最深的是刘庄，它是香山巨贾刘问刍的别墅。里面台榭亭池，回廊曲槛，建筑得十分富丽。只是平时不轻易开放，尤其是学生旅行到此，看守园门的就把大花厅的四面玻璃门紧紧关闭，我们只能把鼻子贴在彩色玻璃窗上，向里面张望华丽的陈设，羡慕不已。有一次，我随着父母一同去游玩，父母通报了姓名，看门的特地延入内厅，还请出女主人来接待贵客，对我这黄毛丫头来说，简直是受宠若惊。我走进雕梁画栋的客厅，不由得目迷五色，因为一切的陈设实在太讲究了。桌椅都是成套紫檀木镶大理石，油光雪亮，几案上的各种古玩，和壁间的名人字画，使爱古玩字画的父亲都露出万分欣羡的神色。墙角的花架都是苍老的树根雕成，显得格外典雅宜人。庭院中种满了奇花异卉，春日百花盛开，倒也有一片欣欣向荣气象。父亲说，因为庄园主人去世多年，花木再茂盛，也赶不走那一股阴沉冷落之气，尤其是秋冬以后。这位庄主生前极懂得享受，所以为自己建了偌大一座别墅，而且娶了八个太太，他何曾想到树倒猢狲散，身后红粉飘零的悲哀？在庄的旁边是他的坟墓，全部是文石砌成，其豪奢不亚于古代帝王。前面一字儿排着八个墓穴，是他为八个太太筑的生圹，上面刻着他自撰的生圹志。可是八个墓穴好像还空着六个。出来招待我母亲的是两位刘太太，却不知她们排行第几，年纪看上去都是四十尚不足，三十颇有余。她们一色的黑绸旗袍，淡扫双眉，薄施脂粉，皮肤都非常细洁，颈后绾一个低低的爱丝髻；珍珠耳环，钻石戒指。如此一对如花美眷，长年伴着一座冷冰冰的孤坟，使我立刻想起徐讦的《鬼恋》。幸得她们神情并不淡漠，与母亲说话，语调非常亲切。母亲不便与她们多谈。我却恨不得问她们："你们害怕吗？将来打算葬在这个墓穴里吗？为什么不进城自跟亲戚朋友住在一起呢？"我那时太年轻，哪儿懂得人世间许多傻事。这两位美丽的未亡人，守着偌大的庄园，守着她们死去的丈夫，一年年的春去秋来，花开花谢，她们真个是死灰槁木，看破红尘吗？人世的富贵荣华、浓情蜜意都是过眼云烟；建造这八个墓穴的刘庄主人，才是真正的大傻瓜呢！"如梦如烟，枝上花开又十年。"满园姹紫嫣红，给人的感慨又是如何？

青山有幸埋忠骨

岳王坟是我们学生春秋季旅行必游之地。岳王是宋代民族英雄岳飞，门前有一副对联是："青山有幸埋忠骨，白铁无辜铸佞臣。"生铁铸成的秦桧夫妇像，就跪在墓前。游客们都叫孩子便溺在秦桧与秦桧老婆身上，这固然表示对奸臣的痛恨，却是有碍公共卫生。加以号称丘九的学生，甘楂果壳扔了满地，使一座庄严的殿宇，显得嘈杂凌乱。倒是南端的张苍水祠，游人少，反有一份肃穆之气。张苍水和郑成功都是反清复明的民族英雄，兵败不屈而死，杭人乃立祠祭之。

我国民族最重气节。宋明两代的民族英雄，留给后代的典范尤多。这正是中华民族所以能永远兀立于世界，而且将日益强盛的主要原因。

林泉深处谒如来

杭州的古刹，我最喜爱的是里西湖的灵隐寺。因为它离城区较远，格外清幽，是夏天避暑的胜地。每年暑假，我都陪父亲去灵隐。父亲是为了"逃客"和找老衲谈禅，我是为了享受坐马车的乐趣。沿着柳荫夹道的苏堤，马蹄得得中，可以饱餐湖山秀色。那一份悠闲的情趣，离我已很遥远很遥远了。每当计程车载着我在台北闹心横冲直撞时，我就更怀念苏堤上的马车。

灵隐寺对面的山峰就是有名的飞来峰。峰下清泉寒洌，泉边有亭名冷泉亭。有一副对联是："泉从何时冷起，峰从何处飞来？"另一副却回答道："泉从冷时冷起，峰从飞处飞来。"煞是有趣。在冷泉亭里，泡一壶龙井茶，手中一卷书，就可消磨竟日。方丈款待我父亲的，据说是市面上买不到的上品清茶。大概就是彭玉麟联句中的"坐、请坐、请上坐，茶、泡茶、泡好茶"的好茶了。父亲那时已非达官贵人，只是和老和尚谈得非常投契。老和尚将八十的高龄，精神非常健旺。我问他怎样修行？他指着寺前巨大的弥勒佛像，叫我念旁边的对联："大肚能容，了却人间多少事；满腔欢喜，笑开天下古今愁。"他说："懂得此中妙理，便是修行。"父亲笑着点点头，我小小年纪，哪儿懂得呢？

寺旁罗汉堂里有八百尊罗汉，塑得每尊神态不同。游客可以选择任何一尊罗汉，向左或右数，数到自己的年龄数字时就停止，如果是一尊慈眉善目的罗汉，就表示你是个好性情的人。如果是一尊竖眉瞪眼的，就表示你脾气火爆。记得我数过很多次，常常数到一尊眼睛里长出手、手心里捏着亮晃晃珠子的，不知象征的是什么？

一生知己是梅花

宋朝的林和靖，在杭州选择了他的隐居之处，那就是里外湖之间的孤山。他性爱梅花，曾手植三百多株梅花，并依梅子的收成维持简朴的生活。于是依山傍水，绕屋倚栏，尽是梅花。他的咏梅名句不少，最脍炙人口的当然是"疏影横斜水清浅，暗香浮动月黄昏"。他又养了几只白鹤，每当他外出时，如有客人来访，童子就放起白鹤，翱翔空中，他一见到白鹤，就知有友人来了。这位妻梅子鹤的林处士，真是懂得生活的情趣。可惜的是这样好的名胜，却被后来一条博览会木桥破坏了。大约是1928年，杭州举行了一次博览会。在里西湖边上盖了一座大礼堂，大礼堂对面，一条红木长桥直通孤山，破坏了孤山的宁静。抗战胜利后，长桥已被拆除，孤山又回复了往日的幽静。那时，浙江大学暂时迁到平湖秋月附近的罗苑，我就时常随一位老师穿过对面的林荫道，散步去孤山。冬天，湖上没有一只小船，放鹤亭边，梅花盛开。我们坐在亭子里的石凳上，灰蒙蒙的天空，渐渐飘起雪花来，无声地飘落在梅枝上，白成一片。当时想起杭州沦陷于日军时，我们在上海，老师曾有词云："湖山信美，莫告诉梅花，人间何世。"后来湖山光复，我们又能回来赏梅，心中自是安慰。我们望了很久，才踏着雪径回到老师住的临湖暖阁中。他伸手在窗外的梅枝上，撮来一些雪花，放在陶瓷壶中，加上红茶，在炭火上煮开了，每人手捧一杯香喷喷热烘烘的茶。他兴致来了，立刻呵冻挥毫，画了一幅红梅。我也乘兴在空白处写上两句词："惜取娉婷标格，好春却在高枝。"

我们默默地望着湖上的雪景、雪里的梅花，吟起古人"有梅无雪不精神，有雪无诗俗了人；日暮诗成天又雪，与梅添作十分春"的诗句，才懂得林处士为何愿意终老是乡了。

赏读

《西湖忆旧》是台湾散文名家琦君女士的作品。从20世纪50年代开始，琦君女士创作了大量回忆和追索往事的散文作品，怀旧主题是琦君散文的重要特点。这种怀旧不仅是乡思、乡愁的凝结体，更是对传统文化的认同与回归。

《西湖忆旧》全篇萦结着深深的乡愁之情，用动人的笔触描绘着难以忘怀的第二故乡——杭州。文章用诗文做小标题以串联总结，在体味浓郁乡情的同时仍能感受到属于传统文化的独特韵味。

湖滨、圆荷、桂花、青山忠骨、古刹、梅花，当这些看似平常而普通的意象述诸作者笔下时，属于杭州的独特风味就这样猝不及防地出现在读者眼前——似湖畔明眸皓齿的佳人，如古刹下遗世独立的高人，秋月春花，风光无限，湖山有幸，钟灵毓秀，这里是杭州。

作者首先从西湖写起，"门临花市占春早，居近湖滨归钓迟"，用父亲的一首诗引入，扣住"忆旧"这一主题，描述了童年时的钓鱼趣事，又由湖顺势承接夏夜的湖，写出西湖的水的清凉与荷的清香，为下文"圆荷滴露寄相思"做铺垫。然而，虽写童趣，在描写过程中，作者引用了大量诗句用以抒情。无论是父亲的有感而发，还是自己的逗趣打油诗；无论是直接吟咏"凭栏看云影波光，最好是红蓼花疏，白蘋秋老；把酒对琼楼玉宇，莫辜负天心月老，水面风寒"，还是在抒情时不忘诗仙李白"水中捞月而覆舟"的含蓄表意，都让整篇文章笼罩在诗韵之绵延悠长之中。

第二部分先连用几句诗文描绘出作者心目中的荷，接着用一个哀愁的爱情故事紧扣"相思"二字，剥红菱、捉水珠成为这个故事里动人的细节。所有的情"发乎情而止于礼"，此时的作者早已不是当年那个不知人世间情为何物的小女孩，因此，在回忆这段往事时，她在文字中埋着一丝对情事的超然洞悉和对伙伴云的同情。同时，象征比喻也是这个故事里不得不提的亮点之一。将少女因情思而泛红的脸庞比作水中初绽的红莲，将那虚无缥缈的情谊比作碧绿丝绸般的莲叶上的水珠，捉不住，留不得，生动形象且令人印象深刻。加之红与绿的色彩描写，令人仿佛亲临现场看见了那日的情景。

第三部分围绕"桂花"行文，《望海潮》中曾这样讲述："重湖叠巘清嘉，有三秋桂子，十里荷花。"琦君女士自己也写道：'不知何故，桂花最引我乡愁。在台湾很少闻到桂花香，可是乡愁却更浓重了。"桂花在中秋前后开放，而中秋，一个象征团圆的节日，作者却与故乡三各一方，天遥海阔，用桂花这一意象引出中秋，巧妙地在联结中华传统习俗的同时又点出了其挥之不去的乡愁。

接着来到青山忠骨所守护的地方。当岳王坟的殿宇杂乱无章，南端的张苍水祠却肃穆而寂静。这是中华民族的气节，是琦君乡愁的深入含义——怀念故土，怀念属于中国人的铮铮铁骨。于是，接下来灵隐寺里的佛偈和寒冬里凌霜傲雪的寒梅便是如此理所应当地出现在读者眼里。"一生知己是梅花"，作者用妻梅子鹤的林和靖的一生，讲述被无数文人骚客引为知己的"梅"的高洁品质。但若说琦君在怀念故乡盛开的寒梅，倒不如说琦君在刻写梅心里开放的国人传承了几千年的自强不息的强大精神世界——篆刻在心上，熔铸在骨里。

以西湖忆旧开篇，以梅落雪日为结，从炎炎夏日到凛凛寒冬，琦君女士笔下的西湖荡漾着故乡的深情，传统的呼唤与爱国的铁骨柔情。从"居近湖滨归钓迟"的闲暇到绵绵相思的圆荷，遗世独立的古刹，"如梦如烟"的感慨，笔锋一转又到对铮铮铁骨的吟咏，方丈偈语的揭示与对拥有妻梅子鹤的林和靖的生活的向往，作者在抒发乡愁和爱国深情的同时，不忘追忆历史，融诗入景，厚重的历史感与浓郁的文化韵味从笔墨中散开，弥漫在心间。此时，忆旧已不再是简单停留在对童年往事和故土的怀念，也是对中华民族几千年的历史的追怀，对民族气节的回忆与传承。

不仅如此，文章段与段的衔接也显出不经意的刻意。除了以诗文为开篇，结尾以问句收束既承上启下，尤引人深思。如"他这话是对我说的吗?"这简单的一个问句既是对上文姑丈"不要去捉荷叶上的水珠"的警示的承接，又抛出问题——他是对谁说? 为什么说? 我知道后我未来会步入怎样的境遇? 同理，"'如梦如烟，枝上花开又十年。'满园姹紫嫣红，给人的感慨又是如何?"的发问，令人不禁沉溺于作者用笔编织的寂寞梦境，思考留守住繁华的虚妄是否愚蠢至极? 数过多次的罗汉，让人想知道"不知象征的是什么"的罗汉，到底象征了什么? 是性情好? 或是脾性暴躁?

多个问句搭配诗句的组合，融回忆于诗韵，添文采于记忆，用辞采的魅力淋漓尽致地表现了琦君散文的"平淡、简约的疏淡之美"（魏赤语），却又不失力度，只觉有刚柔并济之美。同样写江南，区别于余秋雨先生笔下厚重而理智的"西湖梦"，琦君笔下的西湖更添了几分女性的柔美与感性。历史的厚重被诗句的柔情稀释但延绵不断，她想表达的，是通过对童年住近西湖的往事的追忆，来诉说对故乡深情的怀念，对童年往事的依恋，对人生的思考，对历史的敬重，对传统的回归。她继承了古典诗文的遗叙，而用简约质朴的语句在散文这片乐土安营扎寨。《西湖忆旧》一篇无疑是极有琦君女士风格的佳作，寄寓了作者浓浓的深情。

太阳和他的反光①

江 河

开 天

蜷曲着
一张古老的弓
被悠悠的漫长的时间拉紧
浑沌的日子，幽闭
而无边

巨大的黑色的蚌喘息着张开
粘稠暗哑的弦缓缓拉直开始颤动
他的胸脯渐渐展宽郁闷地变蓝
他的心将离他而去
辽远的目光在早上醒来

---

① 选自《太阳和他的反光》（人民文学出版社 1987 年版），有改动。江河，原名于友泽，1949 年出生，北京人。著有诗集《从这里开始》《太阳和他的反光 》等。

晴朗的快感碧波万里
喷吐着泡沫，筑起岛屿的蜂巢
柔情蜜意地歌唱太阳

而大地如此粗糙

他伏在海洋空阔的案头
面对无字的帆，狂风不定的语言
珊瑚礁石互相吞噬的鱼
寂静凶狠地在他腹中鼓噪
海草卷上岸边，纷乱的心绪
缠进泥里，揉搓进沙子里
像卵石零星孵化的瑟缩的鸟雏
他渴望海鸥漫天袭来
把他啄食干净
带着他成千上万地遨游太空
这时浪头撕碎了他所有的梦境
太阳枕着的手臂抖起他的思想
火云蜂拥飞向大地

灰烬如墨，泼向江河、瀑布和松涛
他拂袖以雪原覆盖
点上孤独的足迹
安然睡去等候月色映出神圣的春天

补 天

她从遥远的地方走来
阳光间的谷穗一闪一闪
天空蓝色的拱顶归向太阳
水银的花蕊一群金蜂
宁静的空气欢悦得令人晕眩
她走过大地的殿堂

叶子匾着她的腰
围着棕红的陶罐环舞
藤蔓悠悠一对光洁的果子
她的步态有如秋天

那酣畅的雾气始于神往
乌鸦蚀日，闪电咬噬着树木
夏天的洪水，赤裸的风暴
丛林燃烧，天空垂落

她如虹的手指轻扬滑过山腰
抚摸金黄的兽皮使白云点点
她炼石柔韧生辉，波纹返照
太阳像温驯的牝鹿卧在莽原
之后她舒展如歌，鸟雀
群栖巉岩安详地梳理羽毛
五彩缤纷地绣满了黄昏

她在近处隐没
谦逊地洗去遍身花朵
任叶子松软地平息身边
她仿佛住进永恒的房子
罐中的水声昼夜汩汩轻鸣
那里面像是浸着她的双脚
闲暇地觉动，水波圈圈散开
听鱼群神游正在贴向湖面

追　日

上路的那天，他已经老了
否则他不去追太阳
上路那天他作过祭祀
他在血中重见光辉，他听见

土里血里天上都是鼓声

他默念地站着扭着，一个人

一左　一右　跳了很久

仪式以外无非长年献技

他把蛇盘了挂在耳朵上

把蛇拉直拿在手上

疯疯癫癫地戏耍

太阳不喜欢寂寞

蛇信子尖尖的火苗使他想到童年

蔓延流窜到心里

传说他渴得喝干了渭水黄河

其实他把自己斟满了递给太阳

其实他和太阳彼此早有醉意

他把自己在阳光中洗过又晒干

他把自己坎坎坷坷地铺在地上

有道路有皱纹有干枯的湖

太阳安顿在他心里的时候

他发觉太阳很软，软得发疼

可以摸一下了，他老了

手指抖得和阳光一样

可以离开了，随意把手杖扔向天边

有人在春天的草上拾到一根柴禾

抬起头来　漫山遍野滚动着桃子

填　海

她和海水玩得正开心时

海把她收了去

让这瞬间的欢笑波光粼粼地展开

鸟困了梦见她

羽毛凌乱地裹起赤裸的身子
云在海上投下阴影

遗恨青春不能常在
她用翅膀扑打阳光
她用委婉的叫声把时辰弄弯
鸟儿徒劳无益地梦见了她

从此鸟把她带在心上
像一只篮子在光中摇荡
在透亮的林子里睡
从雾中醒来
教她于山海之间投掷发光的石子
溅开黎明敲响黄昏
中午圆满地安静下来
她梦见自己的身子成了洁白的石头

端庄地站在阳光里有多好
蓬松地在凤中流动有多好

岩石裂开　果核裂开
她终于成了另一个，成了一只鸟
白羽毛　衔着光洁的石头
她飞得很高
像一个黑点儿，一个浮动的字
海平静地等着一个岛溅落

《太阳和他的反光》组诗是朦胧派诗人江河的代表作。这组诗作以上古神话为创作素材，在经过现代启蒙思想的改造之后，进行了英雄叙事思维的创造性转化，组诗中的每首诗作各有特质。

《开天》，视觉上的声光效果，转化为内敛复杂的精神状态，我们读到的是英雄盘古开天前的孤寂和空虚，以及开天后肢体的安然与心境的辽阔。

"一张古老的弓/被悠悠的漫长的时间拉紧/浑沌的日子，幽闭/而无边"，弓弦是盘古心弦的象征，漫长的岁月，心弦紧绷，孤寂，无人拨动。未开之天，没有辽远之感，浑浊天幕下没有丝毫生命力，只余盘古一人独居而有束缚感。在江河的笔下，开天后的生机勃郁，不再仅仅聚焦于物象，而是通过比喻形象化地展示出盘古的抽象情绪，晴朗明媚的快感有了动态，有了情愫。"安然睡去等候月色映出神圣的春天"，盘古以袖拂雪掩住以往那些孤独的足印，不再感到寂寥，安详地等待着大地不断展现出从未有过的生命力。

《补天》，大神女娲之力柔中见刚，补天大事变得轻松写意。"她如虹的手指轻扬滑过山腰/抚摸金黄的兽皮使白云点点"江河用轻柔的笔触、色调明亮的修饰语，勾勒出女娲的轻缓柔和。指尖的触动让补天大事不再显得艰难困苦，轻悠之间，化刚为柔，为固化的英雄女娲认知中注入人文关怀，使女娲更显女神魅力。

《填海》明亮的色调，变悲剧为旷达。江河在重构精卫填海这一故事时创新性地引入了"第二只鸟"，使其成了女娃的"导师"。"从此鸟把她带在心上/像一只篮子在光中摇荡"，正是鸟儿日复一日的轻摇，当精卫化成另一只鸟的时候，她不再仇恨大海吞噬了她青春的生命。虽然"遗恨青春不能常在"，但鸟儿指引她完成了青春的再造。当她化而为鸟，青春之活力重回于身。也正因这种青春生命力量的强大，精卫与海不再对立，大海被触动了，平静地等待着那一颗颗石头垒成的岛屿溅落，等待着精卫青春生命的再一次建构。

在所有诗作之中，《追日》可谓是江河创作的核心据点，其中对于英雄主义的解构诠释、人文精神的探寻意蕴深厚。江河纯熟地运用象征性的诗化语言，通过对固有神话中夸父典型形象的再塑造，打破英雄与平凡人间的隔离墙，精心栽培出人文精神之新苗。江河在重新树立夸父英雄形象的同时，将夸父的"以蛇盘耳""手杖"等传统形象特征融入英雄平民化的宫殿的建筑之中，保持读者与传统英雄之间的熟悉感，保证时代民族精神传递的有效性。

《追日》一诗取材于上古"夸父逐日"的神话。《山海经·海外北经》有载："夸父与日逐走。入日，渴欲得饮，饮于河渭，河渭不足，北饮大泽。未至，道渴而死。弃其杖，化为邓林。"这无疑是一则悲壮的神话，所体现的是原始时代人们对于太阳的崇拜、人与大自然的对立和较量，赞扬了夸父征服大自然的顽强意志。但江河却并非只是简单地通过诗化语言对此则神话进行再创作，而是以一种符合人类社会和精神流向的新的意识重新诠释英雄，变悲剧灰暗色调为宁静柔和，让人们不再觉得英雄如神般遥不可及，同时向内探寻，发掘内心。

"上路的那天，他已经老了/否则他不去追太阳"，可见太阳就是青春，而夸父不再是为了征服自然，他只是想要超越衰老的自我，实现自我的更新。青春洋溢、生机勃发，夸父向内心探寻，渴望青春，向太阳进发。上路前的祭奠，不再是古老的仪式，单纯的对太阳的祭祀，而是对生命向内的自省。"土里血里天上都是鼓声/他默念地站着扭着，一个人/一左 一右 跳了很久"。鼓声，是生命青春冲涌的音符，激荡震撼着年老的夸父。"蛇信子尖尖的火苗使他想到童年/蔓延流窜到心里"忆起往昔生机勃郁的年华，年老的夸父面对青春消逝而急切渴望追回，这是他坚定逐日的原动力。夸父踏上了征途，在追求的路上，他倒下了。神话当中英雄的消逝却被江河看作是"其实他把自己斟满了递给太阳/其实他和太阳彼此早有醉意"，这是夸父以死亡完成了自己的追求，完成了自己生命的更新。"太阳安顿在他心里的时候/他发觉太阳很软，软得发疼"这是一种特定的感应，夸父与太阳终于合而为一了，即是青春重返，与他合而为一。"有人在春天的草上拾到一根柴禾/抬起头来 漫山遍野滚动着桃子"。桃子是夸父青春、生命的象征。最终，虽然夸父肉体已然消逝，但他仍是胜利者，漫山遍野的桃子便是他生命的更新。

《追日》是一首对青春、生命的颂歌！它歌颂了新时代下永葆青春、生生不息的文化精神。英雄精神仍然崇高，而英雄却不再崇高，他们如常人般，亦需面对生与死，他们亦有常人对于青春、美好的追求。

夸父追日、女娲补天、精卫填海……江河舍弃了喧腾躁动的宏大叙事，而是筑造起温情平静的内敛结构，并为之注入人文精神。这种对古代神话的现代阐释，对民族文化传统进行的再建构，强调了人的主体地位，让民族英雄贴近现实。

一首对平凡英雄的人文赞歌，如太阳的反光，熠熠生辉。

切磋琢磨

1. 想必你读完了以上 5 篇文章，会感受到些许辞采的魅力了吧。它们有的给人感觉质朴，有的戏谑，有的淡雅，有的深邃，但无一例外地都体现了辞采的魅力，这就是汉语表达的魅力。

请回想你读过的在语言表达上比较鲜明、突出的作品，再找来读读，再次体验一下辞采的魅力，并尝试去思考一下这一辞采的表现力来自于哪些方面，是词汇的选择，还是修辞的运用，抑或是情感的丰沛……学会在体味语言中赏析、理解文学作品。

2. 美国诗人威廉斯有一首诗《便条》

我吃了
放在
冰箱里的
梅子
它们
大概是你
留着
早餐吃的
请原谅
它们太可口了
那么甜
又那么凉

如果把这首诗还原成一个真的便条：我吃了放在冰箱里的梅子，它们大概是你留着早餐吃的，请原谅。它们太可口了，那么甜，又那么凉。你试着就其中的差别，作为诗的《便条》其诗意来自哪些方面，写一篇分析文章。

篇章的艺术

导读

　　此题，是谈篇章的艺术。首先当说"文章学"的相关问题。文章学是专门研究文章的性质、功能、构造及读、写文章的规律和方法的科学。

　　这里所说的篇章，也涉及了文章学的基本概念和操作方式。好的文学作品，不论是诗歌、散文、小说，都必须讲究篇章结构，也即文章布局的艺术。

　　篇章，是指篇和章，泛指文字著作。汉王充《论衡·别通》："儒生不博览，犹为闭闇，况庸人无篇章之业，不知是非，其为闭闇甚矣！"晋葛洪《抱朴子·辞义》："何必寻木千里，乃构大厦，鬼神之言，乃著篇章乎！"

　　与篇章相关的语词也非常多，凡涉及文史哲诸文，大多与文章学知识牵连。所谓文学作品的篇章，是指文学作品的谋篇布局结构，也即文之肌理，是作品的脉络与系统。对于作家而言，作品的布局就是谋篇的动机，是构筑大厦的蓝图，更是鬼神之作。因文无定法，故葛洪才会说："鬼神之言，乃著篇章乎！"篇章的营造，类似于香烛，"焚之而可通神"。在遵守一定的文章法度之下，篇章的艺术谋局，完全在乎作家的神来之笔。

　　无论是旧笺、演说、戏剧，及至时间的流动，作家们之谋篇，皆以"自己的语文方式"构垒文章，更是焚其灵感的香烛，自有通神的随心，所谓"自己的园地"，正是篇章的艺术所至。

落花时节读旧笺①

韩少功

　　自有了信息电子化，电话、电邮等正日益取代信函，投书远方已成稀罕之事。不久前清理自家旧物，无意间从一抽屉里翻出旧笺若干，如掘出一堆出土文物，让我惊喜，也不免惊惶：这也许就是此生我收到的最后几许墨迹？

　　来信者多为同行故人。他们的墨迹有几分模糊，但字如其人，或朴或巧、或放或敛，仍能唤醒一幕幕往事，历历在目。感谢纸墨这些传统工具，虽无传输的效率优势，却能留下人们性格的千姿百态，亦无消磁、病毒、黑客、误操作之虞，为我长久保存了往事的生动印痕。也感谢一个时代的风云聚散，让我得以与这些来信者有缘相识，无论是擦肩而过，是同路一时，还是历久相随，他们终是我生命的一部分，是读书读人读世界的一部分，已悄悄潜入一个人的骨血。

　　于是一封封重新展开。

---

　　①　选自《夜深人静》（中信出版社 2015 年版），有改动。韩少功，1953 年出生于湖南长沙。著有《西望茅草地》《爸爸爸》等。

一

西西，1987 年 12 月 31 日来信称：

我刚从北京回来，看见莫言、李陀、史铁生、郑万隆和张承志，好极了。他们老说就欠少功一人。我临走时遇上北京大雪，美极了，可仍然比不上你们这些美丽的人。我想，做一个写好小说的人不太难，但难在做一个能写好小说的好人。

如果我到湖南，我当然不想成为"抓稿人"，只想跟你和有趣的朋友（是何立伟、彭见明他们吧）开心地聊聊，一如在北京那样。不过，目前我又非做抓稿人不可，真可怜。事情是这样，洪范书店在编三、四册，我就想到你的《女女女》。如果你不反对，请循例签写同意书寄回就行。据说你有一篇新作《棋霸》，不知刊在哪里。

西西是香港作家，身居灯红酒绿之地，仍有几分艺术的高冷和狂野，《胡子有脸》《母鱼》《我城》等作品变化多端，现代主义前卫风格天马行空，相对于满城花哨的地摊书，堪称香港一大异数。内地开放之初，她是两岸三地的文学交通中枢之一，将一大批内地作品介绍到香港，其规模和反响达一时之盛。但作品之外的她毫无先锋造型，既不会目光直勾勾，也不会烟酒无度、满口粗话、深夜海边暴走，倒是质朴如一村妇。第一次在酒店相见，她衣着低调，张罗茶点，引见和关照几个随行青年，在茶座的一端几乎没说什么话，似乎更愿意让她的学生们多说——文学班主任的服务十分体贴。

市场化经济大潮扑来，新时期文学迅速转入疲态和茫然，包括西西在内的很多人后来大多音讯寥落，相忘于江湖。2008 年春，我在香港浸会大学待了两个多月，好几次打听她，不料教授也好，作家也好，青年读者也好，都说不出一二，甚至对这名字也不无陌生之感。我大吃一惊：这还是香港呵？

还好，总算有一位颇费周折找来了她的电话号码。我通话结果，是发现她竟然近在咫尺，与我同住在土瓜湾的一角。这个土瓜湾，靠近九龙城寨，即当年清政府嵌入殖民地的一处留守官署，亦即后来匪盗横行的一块法外真空，直到再后来才经陆港双方签约，将其改造成一个公园。我租房在此，常沿着港湾散步，看各类争奇斗异的市井食肆，看水面倒影中的灯火万家。我何曾想到，我可能早与她在此路遇多次，只是已互不相识。

她由家人陪伴，偶尔还靠家人搀扶，前来与我见面，看来身体已不是太好——这也可能是她多年来息交绝游的原因之一。

我终于见到她，重新握住了她瘦弱而清凉的手。

二

张贤亮，1988 年 6 月 23 日来信称：

那天在侣松园门口，忙乱中还没来得及告别，待我拿到房号钥匙奔到门口，那辆破车已不见踪影。我想你还会跟我联系的，特地告诉了门房，但也没能再听到你的下落。

我试着写这封信，也不知你能否收到。

在北京待了两天，果然听到启立同志在《人民日报》的一次会上，根据那位巴黎中新社记者唐某打的"内参"，批评了我们的代表团。使我痛心的不是打小报告，而是领导人惯于听一面之词。干脆走他娘的，躲进小楼写小说。你年纪轻，望好自为之。我是觉得已经束手无策了。

可能的话，把《生命中不能承受之轻》寄本来让我拜读。

在很多人眼里，张贤亮是一位风度过人的文学男神，曾以《绿化树》《土牢情话》等小说折服包括我在内的大批读者。他后来转型为商界大亨，据说有钱便任性，曾以超长豪车接送朋友，路旁还有两列黑衣保镖一路随车小跑，其排场俨如帝王。他的放浪也大尺度，发出邀请时总是宣告："带情人来的我就报销头等舱机票，带老婆来的统统自费！"这一类话是玩笑，但也难免给他带来争议。

一位熟读和盛赞《资本论》的热血之士，一眨眼成了金光闪闪的资本家，这是当代中国故事中并非少见的个人命运轨迹。从信中看，他也有温存的另一面，竟为一次忙乱中寻常的不辞而去，驰函以图追补，周到得让我惭愧——他当时尚不知我的确切地址。至于信中提到的'内参'，是 1988 年中国作家代表团访法所引起的。那个代表团超大。其中有几位在巴黎痛责中国的体制和文化，得到大批听众激情的鼓掌，却与部分华裔人士暴发争议——

包括他提到的"中新社记者唐某"。这场争执以"内参"或其他方式传到国内，后来也成为文化界思想纠扯的案底之一。

其实，据我当时了解的情况，争议双方首先有背景的错位，有语境的分裂，说的好像是一回事，但联想空间、意涵所指、听众预设等远不是一回事。刚出国门的中国人，满脑子还是官本位、大锅饭、铁饭碗、冤假错案，不发发牢骚，不冒点火气，好像也不可能。不过长期生活在外的不少华裔对这一切感觉较为模糊，恰恰相反，他们的切肤之痛是不时蒙受某些西方人的白眼，一身黄肤黑发没法改，最急的是没有自尊本钱，最愁的是没有自强后盾。好容易有了"两弹一星"什么的可供吹嘘，再说说《论语》《道德经》，或扎个狮子舞个龙，图的是在"多元化"中也挤进一席。他们如今听中国作家反这反那，连传统文化也要一股脑儿统统黑掉，那还不跟你急眼？

真正听懂对方的意思，其实是不容易的。

三

刘宾雁，1988年3月1日来信称：

江苏的徐乃建寄来一本她译的、昆德拉的《为了告别的聚会》。几个外国人向我推荐过他的 *The Joke*（《玩笑》——引者注），那是八六年，读了，并不觉得像他们说的那么好。

3月16日，我要赴美，先在 UCLA 讲学二月，9月起去哈佛参加尼克森基金会的记者活动，到明年5月。

对于讲学，我还全无准备，想得到你的帮助：一，想听听你对近几年中国文学创作的看法，哪怕简单几十个字。王蒙化名"阳雨"在《文艺报》发的文字：关于轰动效应之后（1，30）你看了吗？就此写几句看法给我也可。进一步的问题，告诉我你最喜欢，或认为较好的青年作家是谁，哪个中短篇小说较好。二，你自己的短篇里，你最满意的是哪个？三，你近几年谈文学或谈自己创作的文章，告诉我发表的刊物（记得前不久读过《上海文学》上的一篇）。若能在3月15日前寄我最好。

刘宾雁比我年长一大截，对文青们有忠厚大叔范儿，又有包青天打抱天下之不平的沸腾声誉。我读过他的不少报告文学，发现他不论写到哪个地方，总是要写出改革和保守的两条路线、两个阵营、两个司令部……正邪相博，圣魔对拼，煞是惊心动魄的精彩。但这种二元图景不容易与我的生活经验对接，似乎滤掉了太多复杂性，尖锐，痛快，正义凛然，却有偏高的失真度。碍于一份对长者的尊敬，我一直犹犹豫豫，未能向他表达过自己的意见。每次见到他疲惫不堪，一脸忧思沉重，据说被家门外排成了长队的上访者轮番搅扰，被全国各地的冤情和苦水没日没夜地消耗，也有几分于心不忍。

一位作家偷偷说过，他对文学界太失望，说除了少数几个，其余的都在走歪门邪道。这也许是他恨铁不成钢，痛惜同志们写得不像炸弹和旗帜，"寻根"呵"先锋"呵什么的，远不解现实政治之渴。无疑，从《西望茅草地》到《爸爸爸》，我的笔下多了些古怪，在他眼里也肯定是一条堕落的下行线。

但他还是来信征询意见，不耻下问，尊重他者，一份温厚令我感动。我不记得自己是如何回复的，也不知他收到回复后是否对我更加疑惑了。一晃几十年过去，我一直没机会与他扯散了掰细了深谈，直到他多年后客死他乡。

想想这事，让人揪心。

四

聂鑫森，1988 年 3 月 29 日来信称：

自你们走后，我们每每谈及，常惘惘然，遥想你们顶严寒而去，人地生疏，为之悬悬，念念不已。那晚风雪飘飘，独坐室内，遥想友人离散，颇多感慨，便写一首五言诗：

少壮光阴迫，慨然走边陲。
楚地多俊杰，星石强争辉。
把酒论时势，举翼尽南飞。
冲开凛寒阵，何日再重归？
建构新文化，从此不低回。
椰林缘案牍，荔枝红书扉。
烈日灸眉宇，惊涛洗鬓灰。

嗟哉零落雁，敛羽难与随。
京华久滞留，世事每相违。
推窗风打雪，遥祝酒一杯。

聂鑫森一张长黑脸，最重朋友情义，以至湖南文学界流传一句话：谁要说聂哥坏话，那这家伙一定是坏人，轰出门去就是。

我与他分居两个城市，几乎每次相聚都是朋友们长谈竟夜。有一次我找不到清代张潮的《幽梦三影》，他听说后竟毛笔正楷抄来全本，厚厚一大沓，让我大吃一惊。"因雪想高士，因花想美人，因酒想侠客，因月想好友，因山水想得意诗文。"我差一点觉得这些句子的抄录者就是原作者本人。

我手上最多他的来信。这里挑出的一封，是写在我和一些朋友"南飞"之后。当时海南建省办特区，欢迎各地梦想者参与，力图在一个雨林浩瀚天高地远的边陲海岛，一张白纸随便画，迅速升起一片现代化奇观。他因就读"京华"且家事缠身，"敛羽难与随"，无法与我们疯疯地南蹿。听说我们选在大年初一举家登车，顶风冒雪，绝尘而去，他一腔愁绪自是难免。

幸好他没上车，否则也就没这些诗了。

五

李亚伟，1988 年 7 月 11 日来信称：

信收到。我刚哼哼呜呜准备出发呢，夏天的山山水水让人站立不稳。

这里还未开除我，高考还叫我监了考，之前上了几节音乐课，我使劲摇荡着身子教学生们唱流行歌曲来着。但显然我头顶的天空不够用，这些日子我不停地写着海，我的句子成群结队要往岛上爬。

我强烈要求招聘！

但如果你那儿不太顺利，我就使劲等些日子。我走来走去地等，抽烟，吹口哨。我不在乎招聘或是调动，只要能来，我极不喜欢这儿的环境。几年了，这儿的很多东西都在围歼我，想干掉我。我曾几次离职，都因没找到工作，饿，最后高举双手回单位投了降。

海南建省初期的条件十分艰苦。我租住的平房外，野火鸡不时出没，野香蕉随手可摘，完全是一片荒野景象。因停电和煤气断供，三家人只能合伙用树枝或煤油做饭。有一天，我姐想好好犒劳一下家人，好容易做出一个大菜：葱爆猪肚。没料到突然冒出几位不速之客，见一盘大菜上桌，手也不洗，也不要筷子，甚至未经主人同意，便乐滋滋争相下手，三下五除二吃了个盆底朝天，吓得几个孩子躲得远远的。

我姐气不打一处来，偷偷问"哪来的这些王八蛋？"后来才知道来者都是诗人——呵，诗人。她好一阵恍惚，把来客留下的两册油印诗读到半夜，才渐渐消了气，第二天早上说："确实写得好。"

算是认可了一桌饭菜的被迫捐赠。

这一诗界闹事团伙中就有来信的李亚伟，一个四川小伙。他曾以"莽汉主义诗派"闻名，其语言的粗野、狂放、草根性、嬉皮风，可视为后来小说贫嘴化和网络恶搞化之先声。"夏天的山山水水让人站立不稳"，"我头顶的天空不够用"，"我的句子成群结队要往岛上爬"…… 这一类野生词语在他笔下信手拈来，蛮横无理，爆破力强大，足以搅得文学礼崩乐坏。

我最终没有能力招聘他入职。这一群爷在海南打过架，名声远播后，其他机构想必也只能敬而远之。

他后来招聘了自己，据说不久便成了一大富商。

六

陈映真，1988 年 10 月 22 日来信称：

海南是一个处女地，在"现代化"的政策下，她即将付出惨烈的人的代价、大自然的代价和文化的代价。依台湾的经验，少数民族的沦落和社会的解体，女性的娼妓化，男性沦为底层劳动者。民族文化的解体，民族主体性的解体……如果中国共产党和大陆知识分子容忍甚至鼓励这种发展，对我是痛彻心扉的失望与绝望。

请 Steven 带去《人间》杂志十册，表示我的友情与敬意。《人间》是站在"弱者"——民众的立场去看人、生命、生活、自然和社会，特别要追究"发展""现代化"所付出的不必付出的代价。大陆知识分子对西方讴歌太浅薄，太轻佻，对西方资本主义太无知，对中国改革开放的世界背景，即对体系化的世界资本主义所加诸的限制太无知，对中国社会主义革命的评价太低，对马克思主义的批评太轻率。我们理解这是"文革"的反动，但反动与感情用事都不是对待真理的态度。

他 1994 年 8 月 4 日又有一信称：

接获来信及影印页，何其高兴。那封信能刊在书上，说明大陆上言论也自由。这样说，也觉得有一股辛酸的讽刺味。在共产党支配的社会，左派意见反而难出头，不一定官方要压，反倒是一般知识分子会嘲笑——都什么时候了，还要这样提问题？此所以那封信多年后刊出，竟使我惶惑惊讶不已！

少功兄，这个时代还需要作家写出时代巨大变化下的人和生活，接续三十年代、四十年代民众文学与民族文学的大传统，兄其勉哉！

对于"现代化"名义下的资本主义全球化，陈映真也许是两岸知识界中最早的质疑者和批评者，相对于九十年代中后期内地迟到的相关讨论，差不多早了十多年。这当然得益于市场和资本在台湾先行一步，也离不开一个左翼作家的思想定力，还有某种基督教背景下的济世情怀（台湾学者赵刚语）。他提到的"三十年代、四十年代"文学大传统，放到百年乃至千年历史大框架里看，还真是一件事："空前"已无疑，是否还要"绝后"？

可惜他的《人间》杂志未能坚持多久，其它努力也屡遭挫折，号召力在台湾日渐微弱，似乎被他所殷殷关切的"弱者"和"民众"无情叛离。取而代之的，却是后来奶油散文、八卦故事、狗血写作的呼风唤雨横行天下。对于很多人来说，这当然是一种讽刺，也是一种尖锐逼问：说好的民众呢，在哪里？

换句话说，民众是什么？民众如何区别于民粹杂群？民众需要关切，是否也需要再造？如果这后一个问题没法借助更多手段来加以解决，那么前一个热血版的精英问题是否还有意义？

这些事一想就要头大。

感谢陈映真，能让我们的脑神经无法懈怠。

七

邓友梅，1990 年 10 月 8 日来信称：

前一段在深圳，听说你参加《花城》的笔会，我尽力打听你的地址，可是怎么也打听不到。似乎在保密，一会说在宝山，一会说在小梅沙，到底也没找到，只好作罢。

法国的事我知道。办手续最好是由海南直接办，不要通过作协，通过作协要麻烦得多。巴黎你大概去过了，很值得再去，唯一要稍加注意的是，那些民运精英大部分都在花都。有些是老朋友，见面时稍有点分寸，别给任何人抓到可做文章的材料。

除此之外无可忧虑者。

海南情况似乎颇好。我是指你们几个人，《天涯》（指两期彩版大众试验刊——引者注）办得很有生气。见台湾报载《生命中不能承受之轻》已列入今年畅销榜，我弟文运亨通，可喜可贺。

邓友梅也是一位文学前辈，当年以《那五》《烟壶》等京味小说享誉文坛。后来有作家曾指其涉"左"，大概与他官居中国作协领导职务有关。不过，从信中看，他主管外联部，与我素无私交，对一个小字辈的个人出访还是很上心。不管是私下指导，小心叮嘱，还是顺便鼓掌拍肩送温暖，都透出了长者的善意。

我后来很少见到他，但时常念及那一个政治气氛相当紧张和敏感的时刻，一封信所送达的难得温暖。

八

孔捷生，1990 年 2 月 17 日来信称：

我没了你的消息，正如你没了我的消息。我是你的朋友 Kong，现英文名叫 Jason。以你的英文功底已应联想起我是谁。不错，我就是孔某。去岁情况你当以略知。我现居三藩市，并任"中国现代文学"《广场》总编辑。社长是陈若曦。此信除了向你报平安外，就是约稿。刊物背景是一个民间文教基金会，无特殊色彩，与外间组织更无瓜葛。我本人亦无参加什么团体。

陈本人七月返大陆组稿，亦可见本刊之包容性及纯文艺色彩。

与孔捷生曾有一段热络交往，比如一同去北师大参加什么联席会。与会者有北京几个大学的文学社团代表，也有身着工装的工厂诗人，或蓬头垢面的流浪文青。我们是由一位陌生女士引入的，先有电话约定，然后在某公交站会合，双方各拿一张报纸以为暗号确认，颇有老电影里地下党的神秘气氛。后来，我们又一同参加过《今天》杂志的例会。北岛主持会议，陈迈平参与张罗。有人朗诵诗，有人捧读小说，都是各自的新作，然后席地而坐或靠门斜立的文青们投入热烈讨论，有一种群策群力联合攻关的文学大生产劲头。作为北岛带来的客人，孔捷生不把自己当外人，以粤式普通话喷了一通写作经验，要求把某篇小说至少砍掉一半，搞得作者脸上有点挂不住。

相对于二三十年后作家们见面只是谈股票谈古董谈足球谈豪车谈版税就是偏偏不谈文学，当年的联合攻关大生产不无喜感，却也让人怀念。

那一年政治风波后，他也是我的失联者之一。好容易联系上了，没轮得上我投稿，那份"纯文艺"新杂志便已匆匆倒闭。

据说他后来成了旧体诗词达人，又曾以化名在网上发表过不少时论，但这些飘忽传闻都莫辨真伪。

九

蒋子龙，1992 年 5 月 4 日来信称：

感谢你邀我南下，虽来去匆匆，但很愉快。

阁下保持了自己的品位，但又对这个复杂多变的社会和文坛应对自如，实属难得。登机后拿出你的随笔集，不料不是送给我的。连你这样从容自定的人也被笔会搞昏了头，可见笔会不可轻易办。你的智慧陪我在飞机上度过了三个多小时，直送我到家，可谓圆满。

蒋子龙算得上新时期"改革文学之父"，以小说写遍国企、机关、乡村的改革，写遍了《乔厂长上任记》的自信和《农民帝国》的困惑。肯定是社会的碎片化和改革的歧义化，撑破了他的笔墨控制，让他后来不再容易踩到朝野各方的共震点。但不少同行还是余妒未消，说我们当年写小说想得奖，同那姓蒋的写小说想不得奖一样难呵。更大的奖牌当然是：八十年代曾有工人在厂门前贴出大标语："欢迎乔厂长来我厂上任！"某省当局还曾以红头文件转发过他的小说，以作为各地改革的思想动员和办法参考——这些奇事，在文学史上一定绝无仅有。

他身上总是有一种大国企的金属味，是有棱有角的坚硬体，比如每天坚持几千米游泳，一游就是数十年不辍，每天都活得英风勃勃，精神抖擞，当当响汉子一条。

天津好几位男作家似乎也有这股劲儿。

十

许觉民，1992 年 10 月 30 日来信称：

此次在武汉相聚并同游三峡，十分高兴。

《百人传》是 89 年出版的，样书及稿费寄湖南，稿费被退回，但样书未见退回。我写信问周健明，因匆忙间把他的名字写成了"周介民"，他大概动气了，不给我回信。我与文学界素少往来，因此这事一直压在我这里。这次有幸见到您，先将这事做一了结——稿费：叶蔚林 20，韩少功 15；样书：各一册。稿费已由邮局汇去。样书，按规定一人有两册，现在凑不齐，只凑到两本，也请谅！

附寄拙作两册，赠您与蔚林同志各一，尚希教正。这是八十年代初写的，出版社勉强印的，稿子压了 6 年，甚不足观。此后写的，没有一个出版社肯印了，放在抽屉里，让蟑螂去批判吧。

这封信富有传统道德教育的价值。

诚信：事关一二十元小稿费，居然念念在怀，决不马虎，哪怕事隔多年后一有机会就要细心办妥办实。谦和：对一个后辈晚生也和颜悦色，执礼如仪，恭请"教正"云云。旷达乐观：能轻松面对自己晚年的窘迫，不惜公开自嘲一把："让蟑螂去批判吧"——这句话曾让我笑出声来。

来信者许觉民，是 1938 年就加入中国共产党的老党员，老出版家和老评论家，传奇性故事一大把，曾任人民出版社总编辑和中国社科院文学所长，按说有足够的人脉资源和资历本钱，给自己营造一点能见度。但他的书在20世纪90年代居然"没有一个出版社肯印"，可见时代变化之巨，令人唏嘘。

十一

何士光，1993年1月25日来信称：

这几年由机缘牵引，确实也另外地体验了一回生命。常悲切我糊糊涂涂地来到人世上，东零西碎的见闻似也有一些，但究其根底，却仍是一片黑暗，亦必是糊糊涂涂地离去。因想倘能于根底处有所知晓，庶几就不虚此生了。子曰形而下谓之器，形而上谓之道。由下而趋向于上，其势亦是人生之必然。倒也省些蛛丝马迹，见我辈中人也渐渐向此中转。曾读到你推荐《坛经》的文字，也以为是一种消息。

听洪声说起你在读拙作《如是我闻》，深觉欣慰，盼能读到你的意见。那当然还只是初步地写出一个头绪，其间的幽密，自还十分渺茫。先写下来，让它去经受自己的缘分。由此以往，倘还有写作，大体亦将依此线索。那么当然把文坛种种都抛弃了，而经受自身的这一份因果。

贵州的文事同各处一样，也十分寥落。但文事一如原先的文事，又焉得不寥落？寥落也是必然，也是因果。唯其寥落，心才渐渐有生机透出来。我在拙作中引过老子，那便是道失而后德，德失而后仁，仁失而后礼，礼失而后义，这之后，便该是义失而后利了，而今正是唯利是图之际。利也是要失的，利失之后，循环过去，则就是道了。眼下却也能让人感到道的悄然兴起。

二十世纪九十年代是新时期文学急剧分流之时，有的卷入政治，有的扑向市场，有的则投奔宗教。较之于有些人放眼《圣经》或《古兰经》，何士光最终选择了道与佛。

在世俗化传统极强的中土，佛和道保留了中华文明对永恒和辽阔的一线远望，指向一份安放灵魂的幽深。一旦满世界"义失而后利"，物质化大潮逼压，宗教也许就是比抑郁症、狂躁症更积极一些的解决方案。毫无疑问，当一张张面孔哗变成唯利是图，寡廉鲜耻，无恶不作，远古的终极之问总是会及时归来，进入有些人睡前或醒后的片刻惶惑——这些惶惑无疑值得尊敬。

一位当红作家因此而突然销声匿迹，从人多声杂的地方抽身而去，其内心诸多痛感，我们大概也不难想象。

但宗教也有风险。特别是在"利益＋"或"利益×"的时代，伪宗教、邪宗教、烂宗教也断不会少。我给何士光写过书评《佛魔一念间》，载于1994 年《读书》杂志，曾指出求术也可能"执迷神秘之术"，求道也可能"误用超脱之道"，两个层面都不是那么保险的。这话的意思是：宗教若能让强者清心节欲，让弱者得到心灵安抚和互助实惠，那么不管折腾出多少离奇神话和夸张的形式感，都算得上人间功德，可弥补社会管理之不足。很多无神论者对此可能缺少应有的理解。另一方面的道理：如果郢书燕说，让"随缘"成了绕开难事走，"破执"成了胡说八道全有理，"无为"被理解成坐等白吃不脸红，"超脱"被理解成对压迫者、侵凌者、欺诈者一律装聋和袖手……那就不知有多少昏昏男女要被荼毒了去。很多"法师""上师""仁波切"为何对此睁一只眼闭一只眼？

说实话，我身边有不少例子证明，很多人得宗教之益少，得宗教之害多，看上去更像是用神神道道给一己私利换上个精包装，能否给自己加分，还很难说。

何士光不会没看到这种复杂性。他在贵州与我有过讨论，还说曾有一长信与我，只是这封信我一直没收到。

他笑了笑，说既如此，那便是因果，不必另写了。

大师拈花一笑，已随说随扫。

十二

李建彤，1993 年 11 月 27 日来信称：

我的纪实长篇《现代文字狱》，你是知道的。你们杂志上载过我的第三章，其余未露过面。我本想交给香港的繁荣出版社，谁知该社长来北京开政协会，传给他的朋友们，弄得风风火火。中央的领导人又派人去香港取回来，交给我。一位朋友说：慢点发吧。

现在我又该找你的麻烦了，你还愿不愿出版我的书？现在是一、二、三卷都改出来了，你如想用，我一本一本寄给你。

我很想找你聊聊。海口见面，我觉得我们说得来。欢迎你来我家做客，带上你的爱人。

来信者是中国著名红军将领刘志丹的弟媳，二十世纪六十年代曾写长篇小说《刘志丹》，被最高领导层定性为"利用小说反党"因而闻名全国。其丈夫刘景范，还有习仲勋、贾拓夫等老友，都受到这一政治错案的株连和影响。《现代文字狱》就是她获得平反后，对这一风波始末的亲历性回忆录。

记不清是九十年代初的哪一天，她由一位女士陪同，敲响了我家房门。这位七十多岁的老太身体较胖，如沉沉一袋砂石，爬上五楼时早已气喘吁吁，两膝不时颤抖。那一天恰逢停电，我在蜗居斗室点上蜡烛，听她说明来意，介绍新书写作过程等。想到她从北京找到海口，再从海口找到我的居所，一个公交车都没通的远郊之地，一幢黑洞洞的旧楼房，真是让人过意不去。我主编《海南纪实》杂志时，与朋友们编发过她这本书的几万字，不过是职责所系，做了件小事，不值得老人家如此客气和辛苦地远程来访。

我和妻子送她下楼时已是深夜。

《海南纪实》停刊后，我为她找过几个出版界朋友，探寻她这本书完整出版的可能，但最终未能帮上忙，只能扼腕一叹。

十三

张承志，1994 年 10 月 20 日来信称：

有一本安徽的散文集《清洁的精神》，几乎全是新作品，无奈印时不校，错字有三百多处。香港林先生若回信应承，我便把书稿和勘误表一并寄去，俟书出后，再呈你批评。

我母亲于 9 月 28 日去世。至今都在忙着丧事，感慨万千，但我有了基本想法，即不愿藉母丧而做文章。

此外，我在联系着一些老同志，编一套批评和介绍西方文化政治源流，以及二十世纪六十年代以来各西方国家左翼的丛书，盼用它普及新的世界观点。此事刚刚起步，俟明年书成后，我们几个人都谈到你，盼你发表意见。

正如你所说，右的大潮尚在澎湃，左的投机已经开始。这就是中国的知识分子，毫无耻观念的中国智识阶级。不过我更觉得与之区别的必要。作家中具备区别和分庭抗礼能力的人并没有几个，你应当站出来，得更靠前一些。

　　想象中，张承志是一个策马走天下的独行游侠，但他似乎活得比同行们都要大，上下五千年，东西数万里，都是他心中沉甸甸的块垒。他是学考古的，对东亚、中亚、西亚、南欧、南美的一路人文深探，使他无法再回到文学圈的沙龙和酒会。他重新戴上白帽子，从中体会"清洁的精神"，体会民间的"口唤"和"举意"，但这也给他引来了不少误会。我曾向他请教过伊斯兰的问题，发现他对极端暴恐势力的痛恨，其实比我们这些非伊斯兰教徒还要更强烈，更焦急，更沉重，也更多一些学识支持。

　　只是这一切，同某些时尚人士不大容易沟通。那些人不知黎凡特与古希腊的关系，不知阿拉伯与欧洲文艺复兴的关系，不知基督教与犹太教之间的忌言秘史，不知其他宗教背景下同样可能血迹斑斑（如美国、英国、德国等地大比例的"非穆"恐怖袭击事件，包括 2011 年挪威一基督徒杀死 76 人）。当然，他们更没见过伊斯兰世界里同样随处可见的微笑、忧伤、礼让、清澈双眸……一句话，他们哪怕花十分钟翻翻书的兴趣也没有，更愿意在流行媒体的标题中找真相。

　　张承志早就放弃了小说，多年来只写散文，甚至是接近诗的散文。这大概是一个十分合适的选择。小说是一种不那么"清洁"的形式，至少就材料层面而言，需包容形形色色的人与生活，总是不避泥沙俱下的芜杂，因此不那么鲜明，不容易决绝。这种大众读物也不可能偏离大众思想情感的中值均线太远。相比之下，张承志似乎被对抗逼成了对抗，志在纯粹，行事苛严，总是在生活中高度苛严地挑选朋友、读物、活动、立场、表情、话题、场合、词句、饮食、着装、文体句法……以对抗心目中那些卑污势力的侵害或利用。这种无时不在的警觉，这种时时紧绷的排除法，与小说伦理和小说美学当然格格不入——至少是差别甚大。

　　他前期的小说《黄泥小屋》《海骚》《心灵史》等，其实已早有诗的趋向，相当于一种外人不易听懂的"举意"与"口唤"。

十四

心水（黄玉液），1994 年 9 月 24 日来信称：

接触不少中国来澳的朋友，他们的浮夸、虚假、胡乱的男女关系，假学者、假教授都有，尤其是为达目的不择手段更令人心寒。对大陆人的一般评价，海外华侨都有看法。我认为完全是环境造成的。你宏愿重新唤起国人对优良传统文化的重视，挽救民族性步向正途，这份心肠就已是佛心。可惜中国文人大多忙于"下海"追逐名利，少有忧民忧国的作家。有缘认识，真有相识恨晚之感。

心水是澳大利亚华裔作家，不一定认识张承志，却与后者几乎不约而同，对众多中国智识精英痛心疾首，出言便是一剑指胸，刀刀入骨。

值得一提的是，他的这些看法与官方"洗脑"无关。恰恰相反，他只是祖籍福建，自己出生于越南巴川省，1978 年携妻子及五名儿女乘渔船仓皇出逃，以躲避越南共产党新政权的打击浪潮，在海上漂流了 13 天，又在荒岛上苦斗自救了 17 天，最后才转道印度尼西亚，进入澳大利亚难民收留地。他似乎是最无具体理由要"忧民忧国"的一个受苦人——至少也是一个局外人。

十五

薛忆沩，1995 年 3 月 1 日来信称：

我们的舆论通常为技术主义和经注主义大唱赞歌。它们注意不到现代文明在很大程度上是值得怀疑的，是有问题的。无论是旧式的文人还是共产党传统中的文人，都容易在物质的繁荣中醉生梦死。有谁能提醒人类这个蹩脚的司机在遭遇坎坷的时候应该降低档位呢？

冷战结束之后，人类的去向已经不很明确。中国社会恰好在秩序混乱的时候钻进商业的漩涡。它的命运可想而知。在这个可悲的时刻，在这个不断生产出牺牲品的大变动的前夕，我们也许可以用一点冷静来保护我们的森林，我们的河流，我们的空气，我们的尊严。这一切已经远不如 20 年前、当我还是一个小孩子的时候那样了。技术的进步为人类潜伏下毁灭的隐患，经济的发展将个人模型为谋生的工具。这两种趋向又都以对自然的破坏和对精神的歪曲为代价。其实，没有冷战时代强烈意识形态的遮掩，人类的去向可以看得更加清楚。人是在朝向灾难拼命努力的动物。

我当过薛忆沩的责任编辑，不曾与他见面，只有些书信往来。一代年轻人的写作，好像大多数更愿意"去思想化"，更相信"跟着感觉走"，小清新一点，无厘头一点，玩 high（爽）了就行。但他似乎不一样，在信中展现出人类史的大视野，对技术崇拜和发展迷狂深怀忧患，对现代化"文明"决无小资们那种粉色喷香的全心膜拜。他的这些看法写在 1995 年，放到思想界也是一种难得的及时发声。

接触这样的后生多了，我对"代沟"之说便不以为然。

我后来说过，我们读几千年前的孔子、老子、孙子等，都没觉出多大的"沟"，读几百年前的施耐庵、曹雪芹等也没觉出多大的"沟"，怎么一二十年偏偏成了"沟"？

十六

陈建功，1995 年 6 月 19 日来信称：

我已经在四月份到全国作协来了，到这儿来的事，据说何志云已告诉你了，你在电话里说的，何志云也转告了。

当初你到海南闯荡，有一来信使我颇为感奋，就是你说你是"为了多一点经历"，"老了多一点回忆"。我之所以答应他们，也是想起你那封信才决定的。

最近发现你的创作状态很好，看了几篇文章，很棒，为你感到高兴。特别是《世界》，我很感动。你的长篇我还没有见到，待见到后一定好好看。不过我觉得有些评论家和某些小报记者很讨嫌，把张承志、张炜和你"神化"，其实是把他们神化。我心想什么时候承志或你最好踹他们一脚。因为不踹他们的话，不定什么时候他们觉得"神话"够了，用完了，就该踹你了。当然这是玩笑，其实你根本不用理他们。我最近为了清理自己的思路，和王蒙、李辉对谈了一次，登在《读书》上，据说也有理论家要"争一争"。我根本不想争，对理论不感兴趣。前几年被批评界拖着鼻子走了几年，连小说都不会写了，好不容易才下决心不看批评了。

很早就认识陈建功。在他进入官场前，我们交往较多，像他这样说说内心话，哥们儿之间相互提醒、相互鼓励、相互通气的便函多见。

作家们大多牛气哄哄，自以为不乏拜将入相之才，治国安邦舍我其谁。其实这基本上是自恋的错觉。能真正带好一个村民小组或一个小公司的，我在生活中也没见到多少。说起来，论聪明资质、知识准备、协调能力等条件，陈建功倒算得上进入管理层的一个合适人选。只是他进入得不是时候——如果他想干什么大事的话。

这一点日后才可逐渐看个明白。二十世纪九十年代中期的中国文学，已在经济、政治、文化各种变局的猛击之下有点晕头转向。较之此前"伤痕文学""先锋文学"的一路匆匆补课，输血似已完成，前面一切自便。个人主义的最远思想里程差不多就在这里了。面对利益和思潮多元化的歧路纵横，很多人顿时失去了方向感。在这种情况下，一个缺乏方向感的作家协会，如同失去灵魂的一个庞然大物，还能干点什么？既然思想和艺术的话题已没人说，没人愿说，甚至没几个能说得上，剩下的当然就只有利益。作战部变成了总务处。辩论台改成了菜市场。如果不是奖项、席位、版面、出国机会、项目经费、五星级招待等，恐怕很多人都打不起精神去凑热闹。

给作家分配利益当然不算坏事。但这等事与文学混搭在一起，毕竟有点怪怪的。华尔街很有钱，海湾石油国家也很有钱，历代朝廷和豪门贵族都不差钱……在那里办一两个作协就定能推出惊世之作？好吧，即使官家干部们都忍得住，不搞权钱交易、权色交易、人情交易什么的，而且见什么人都微笑都握手都嘘寒问暖亲如一家——问题是：这世界什么时候用利益砸出过文学？好比一个又丑又恶的渣女郎，哪怕嫁妆再多，全身披金戴玉，能用钱砸出她的爱情？

很可能，砸来的都是些混混。比如拿十万元扶助一长篇小说项目，这事不能说是出于坏心，但肯定是一种培养混混和团结混混的有效机制——写小说（除非是残障或特困作家），竟要靠官费来出版和宣传，这种小说还用得着写？

这种官费护驾的温室小说印出来又有何用？

可惜我当时也看不到这一点，没法在复信中对他有所建言。

十七

刘再复，1999 年 11 月 9 日来信称：

今年能在洛矶山下见到您，实在难得。您走后，我又重读了《马桥词典》，更深信这是一部杰作。今年 6 月《亚洲周刊》评选"20 世纪小说一百强"（我也是评委），《马桥词典》被排在第 22 部，属优秀者的前列。

谢谢您回国后还关心我，实实在在地向上"进言"。不管他们有没有反应，您的努力使我感到故国仍有心灵的跳动。也谢谢您和子丹发了《独语天涯》的自序部分。有你们和其他朋友开个头，以后的路子会越走越宽。我们的读者毕竟在国内，大陆读者的热情在海外是看不到的。

刘再复是资深评论家，其文章单篇来看不觉奇，全部合起来看方觉厚；不像有些人单篇来看都觉妙，全部合起来看便嫌窄。这当然取决于作者性格秉赋：有的人以爆发力见长，有的人以耐久力为本，如此等等，分别适合不同的读者或不同的读法。

他的包容度也大，是一个思想多面体，能普惠文学界的左中右和上中下（当然也就不会漏下拙作《马桥词典》）。只是前不久他先后对两位国外同行（夏志清和顾彬）发出厉声，让我有点意外，似有一些新的思考信号值得琢磨。

他信中提到的相见，是我 1999 年到美国科罗拉多拜访他，还有他的邻居李泽厚。主妇菲亚的厨艺实在太好，吃得我和朋友都不想走，几天下来也对自己的体重忧心忡忡。当时我是《天涯》杂志社社长，同主编蒋子丹一道，做过一些文化领域破冰解冻之事，比如发表李泽厚、刘再复、北岛、杨炼、严力、多多等海外人士的作品——这些敏感名字曾让很多同行捏了一把汗。其实，干这事并不需要多少勇气，只需要一点对大局的主见，对稿件诚实的理解和辨识。至于争取"官方"体制内某些积极力量的支持，比如必要时直接联系驻外使馆的文化官员——他们往往比国内新闻出版管理部门更了解海外情况，也更热心于重启内外交流——则是减少阻力和风险的小办法。

事实上，后来这些作家都走出了政治屏蔽，陆续重现于内地书架、讲坛、媒体版面，果然是路子"越走越宽"，足以证明我们此前"开个头"完全必要。邓小平在"八九"政治风波后说过"欢迎他们回来"，算是有了部分的落实。

十八

于光远，2003 年 12 月 27 日来信称：

在我的电脑里还储存了许多半成品。一是 2003 年 7 月在我的网站上开设"于光远百科讲座"，这个讲座将延续二三年，经整理成书后，规模将达好几十万字。在我的电脑里还储存像《老年于光远》这本书的开头的几万字，至于可集结的文章，当然还有许多。

我已经八十八岁半了，不能不考虑收摊子性质的工作。我的秘书胡翼燕正帮助我编辑，准备出版我的文存，争取 2005 年我 90 岁时出齐几百万字的上集。

总之我换笔之后"生产力"大大提高，我的"四种消费品"理论在一定程度上，可以说是我的亲身体会。

我的工作，总的来说：一面在收摊子，一面又在铺摊子，而铺出来的摊子，又要收。我有两个心思，一是赶快，二是"我要"……

我不在经济学圈，不大了解于光远的理论工作，没法予以价值评估。因此这封信一如冬天海岛上我和他的林中聊天，于我最大的意义是励志：

想想看，"八十八岁半"了；

还在"换笔"；

还在"铺摊子"；

还在"赶快"和"我要"和"许多半成品"；

……

每想到此，就深感自己堕落得不像话。自己的午睡以及盆景、魔方、电视遥控器等都太可耻啦。

十九

王鼎钧，2009 年 11 月 3 日来信称：

不意有海南之会，得以深结文缘。弟在台湾成长，两岸在通邮通商之前已先通文，大作沿各种管道输入，同文捧读，赞佩创意，惊讶出红尘而不染，许为天人，思之犹昨日事也。海南之会，劳师动众，草草远人，何以克当。

先生对文学发展关怀如昔，增助之缘功不唐捐，受惠者已岂弟等一二人哉。感恩节将至，谨致贺忱。

如果有青年要学写散文，我总是推荐台湾散文一哥王鼎钧。《那树》《脚印》《活到老，真好》等垯为传世经典，其积学静水深流，其性情山明水秀，其才华排山倒海雷霆万钧，可读得我一再目瞪口呆。

因工作关系，我高兴地结交过不少台湾师友，如陈映真、洛夫、余光中、白先勇、郭枫、席慕容、罗门、张大春、黄锦树、林耀德（已故）等，包括给痖弦投过稿，在吴晟家睡过觉，同李昂吵过架。但一年年过去，一直没机会得见王鼎钧。直到那次在海口召开"王鼎钧散文研讨会"，我才有机会握住那一只多少令我好奇和忐忑的手——这便是此信的缘起。

信中有一点误会：他想必以为那研讨会是我张罗的，故有"增助之缘""何以克当"等语。其实我只是偶然遇上，成为受邀者之一。我被主办方安排在台上坐了一下，那也是岛上老虎少，猴子坐上台。我并未办过什么实事。

我居然无法及时澄清这一误会，原因是我当时离开海南省作协已十年，王鼎钧来信试投那里，不幸被夹入一些杂乱报刊，一压就是两年多，直到最后才被某编辑偶然发现。不知哪位集邮爱好者擅铰邮票，把信封上的地址也铰去了一截。

没办法，我只知道他仍居住美国。

但愿他一切安好。

二十

一位化名为"那人"的匿名者，1992 年 3 月 4 日来信称：

准确地说，我现在还不是一个人，而是一个消息，这消息尚在路上走着，今日尚未到来。现在能与你对话，是出于我的梦呓。我上一封信给你谈到的《我与你》，兄看了一遍没有。布伯是个一流哲人。布伯和尼采是我最喜欢的两个哲人，高在黑格尔三千英尺以上。

我总感觉我信封上的地址不太准确。所以我请你接信后给我寄一张印有你通讯地址的名片，但千万不要回信。我不希望读到你的回信，以后也不想。我喜欢在冥冥之中以整个生命与你相遇，与你对话，但这一切都是无待的。

我喜欢这种单向的通信。

那件事是他一个人独自想到的
那件事他难以启齿
那件事他无法告人
那件事永远是他一个人的秘密

但那件事他到今天还没有做

那件事他想了很久很久了
他想起了干那件事的许多种途径
他千百次悄悄地预谋干那件事
有时他感到那件事的赌注很大
甚至像他的生命一样巨大
有时他又感到那件事其实很容易干成
干那件事天天都是机会
有时他想也许那件事干了也就算了
也没有什么了不起
有时他又预想到干那件事

可能会生出一万个结果
像一万条陌生的路
令他全身的激动

多少年过去了
为了生存
他又干了许许多多的事
但不知为什么
他始终没有干那件事
但不知为什么
他又总忘不了那件事
干那件事的想法和他的生命一样活着

那件事他想了很久了
以至于他常常产生
已经做过了的错觉
那件事似乎已是某种存在
在这个茫茫宇宙的亿万个枝条上
他像爬行在某一枝的小毛毛虫
他疲惫了
他睡去
他又梦到那件事

这封信摆在最后，当然是医为它有点特殊：没有署名，也拒绝回信。

写信者只是"一个消息"，一种透明的随风飘去。从信封邮戳来看，他发信于"海南""府城"，也就是我家所在的地区，近在我身边。那么在当时，在后来，他可能是快递公司的某个小伙，可能是银行柜台那边的某个小妹，可能是刚刚离开我家的水电工，可能就是与我对桌办公已经多年并经常咳嗽和叹气的老同事……他当然也可能在千山万水之外，就像他说的，一直"在路上走着"。

他（她）是不论在哪里都投来目光的两只眼睛——从那时起，我再也无法逃离这样的暗中盯梢了。

他（她）要干哪样的"那件事"？在这个世界上，难道不是所有的人都有一件说不清但又忘不了的"那件事"？

因为"那件事"，日子变成了生活。

因为"那件事"，生活变成了生命。

因为"那件事"，再多的"这件事"破碎了也不要紧，都不会是输光。在这个意义上，也许"那件事"从一开始就不必成为"这件事"。

好了，每个人都有遗憾，都有不舍和挣扎，都有不为人知的轰轰烈烈。"那件事"使都市或乡村的人，过去或未来的人，所有的迎面而来者于我都似曾相识。什么时候。他们都可能偷偷凑过来说一句：

"布伯和尼采同志可还好？"

2015 年 3 月

赏读

中国新时期文学以 1990 年为分水岭，从 20 世纪 80 年代文学理想推向全盛，到 1990 年后人文精神分化，一代作家文人的文事活动，也融进了时代风云聚散。这篇文章以这个时期 20 位作家朋友给自己的"旧笺"为主体构思全文，铺开篇章。二十封旧笺看似各不相干，经作者一"读"，浑然成一整体。既叙旧忆人，也回望一个时代的文学风云聚散，从中反思当下。作者的重读，像微弱的灯光再度照见作者的心路历程，同时也烛照了读者的心空，带读者潜入 20 世纪八九十年代文人精神世界的一角。作者这段话便是最好的写照："来信者多为同行故人。他们的墨迹有几分模糊，但字如其人，或朴或巧，或放或敛，仍能唤醒一幕幕往事，历历在目。……也感谢一个时代的风云聚散，让我得以与这些来信者有缘相识，无论是擦肩而过，是同路一时，还是历久相随，他们终是我生命的一部分，是读书读人读世界的一部分，已悄悄潜入一个人的骨血。"

可以说，这组旧笺保留着传统文人节操的最后记忆：有"虽千万人吾往矣"的道义担当，有"天涯若比邻"的知音情谊，有谦谦君子的惺惺相惜，有一笔小小稿酬没有送达的经年等候，有一处误会歉意无缘表白的焦虑……

足见那时文人的情怀胸次。

中国传统书信富于文化内涵，程式化的言语与书写格式使手札、尺牍焕发出艺术的光彩。韩少功的反刍重读，激活了生命记忆，也激活了传统文化记忆。

故笺在唤醒记忆，也在柔软回击碎片化时代的物化与冷漠。

中国传统书信是传统社会伦理、情感的重要交流方式，见证了友谊、亲情的时间痕迹，也是后人考据、书写前人的文献。自有了信息电子化，有了电话、电邮、微信之后，书信便成明日黄花。故作者标题强调"落花时节"，其中隐隐传达了一种伤逝之情。

作者将一位化名为"那人"的匿名者来信放在最后，意味深长。读罢是一种莫名的恍惚，这种恍惚，恰是作者对"落花时节"伤逝之思意犹未尽的另一种表述，诗意地传达出作家韩少功读旧笺时内心的真与幻：

写信者只是"一个消息"，一种透明的随风飘去……每个人都有遗憾，都有不舍和挣扎，都有不为人知的轰轰烈烈。"那件事"使都市或乡村的人，过去或未来的人，所有的迎面而来者于我都似曾相识。什么时候。他们都可能偷偷凑过来说一句："布伯和尼采同志可还好？"

水客制度、族群与一座叫潮汕的城

——在瑞士中西文化交流会上的演讲①

郭小东

女士们、先生们：

请允许我在这里向诸位讲讲我对中西方文化交流的心得，讲讲我的故乡、我的家族在可追溯的几百年间，由于持续不断的中西文明碰撞与启蒙得以兴旺发达，蒙受新文明新伦理的恩赐而得益，祈望不同国度、不同人种、不同时代的民族与族群，升华地域与人的文明进度和程度，最终达至各种文明文化的和谐，在美其不美的和平共处中，使人类进入一种理性智性的境界。

我必须从故乡说起。

在南中国版图上，有一个叫潮汕的地方，它是广袤的三角洲湿地，但我更相信它是一座城。那是因为所有说潮汕母语的地方，无论是乡村抑或城镇，它们在我看不见的时间里，总是自觉地互相靠拢，互相取暖，互相簇拥成为一个整体，一座城。城中有森林、河和河谷，海滩、山地和平原；遍布金碧辉煌极具特色的中西式建筑，俗称"下山虎""四点金""驷马拖车"等有故事的古老房屋，其魅力不逊西方的哥特式建筑；

---

① 这是郭小东先生在瑞士中西方文化交流会上所作的一场演讲，有改动。郭小东，1951 年出生，广东潮汕人。著有"中国知青部落"三部曲、《雨天的曼陀罗》等。

满目是镌刻着"大夫第""中宪第""资政第"等有历旦的牌匾。

由乡村与城镇勾连而成的域，可追溯到 13 世纪的元朝，即 1271—1279 年，潮汕族群中，已有勇敢者下西洋，踏上海上丝绸之路，远涉重洋。有海潮的地方，就有潮汕人踏足。这个族群，视野永远向前。早在汉唐，由于战乱，他们从中国北方向南方迁徙，又从南方向更南的海外远渡，不断以洋风美雨，反哺这个再生之地。在中西文明的交融碰撞中，以千年之功，沉淀了一座伟大的城市，并塑造了一个被称为东方犹太人的族群。

这个族群，代有才人贤人，而郭子仪的后裔郭氏家族亦人才辈出。我出生的"郭信臣家族"，已有一千七百年的家谱，可追溯到周文王的封号。我的曾祖父郭信臣，是唐朝三朝元老郭子仪的五十六代孙。这个家族，在民国时期创造了一门八杰。我的叔公郭任远，是世界 100 位杰出心理学家之一，是中国心理学创始人，将西方心理学引进中国，20 世纪 20、30 年代任复旦大学代校长、浙江大学校长。叔公郭承恩，是上海圣约翰大学校长，陆军中将，国民政府中央造币厂厂长；其子郭慕孙是中国化学工程学家、中国科学院资深院士、学部委员、瑞士工程科学院外籍院士。叔公郭豫瑶是民国四大银行国华银行董事长，等等。他们都有留学国外的经历，精通多国文字，为民国要人。曾祖父郭信臣是上海滩潮帮富商，曾与堂兄郭子彬捐资创办复旦心理学院，是中国第一所心理学院，在当时世界第二、亚洲第一。郭信臣于 30 年代，捐资 30 万龙银予浙江大学，力倡引进西学技艺。

我的外祖父马灿汉，早年留学欧美，获美国普林斯顿教育学硕士学位，1924 年归国，受蒋介石之邀入黄埔军校任要职，后于泰国办金融业"安顺机构"。其祖居"光德里""硕士第"，堪称中西合璧之典范，既有中国礼制，又具西洋古堡风格，为"驷马拖车"，又有西洋碉楼。这在潮汕并不多见，发轫于外祖父的光德里。

潮汕的乡村建设，得益于西洋文化的渗透。萌芽于 13 世纪的侨批银信，水客制度的建立与传教士的进入，以及潮汕人向海外拓殖所由的文化反哺，使潮汕的乡村文化建设，包括民生安排，诸如"皇帝厝，潮汕起"等，融入了欧洲巴洛克风致。

潮汕是一座古老而又现代的城。

在我的幻想中，那城有时醒着，有时睡去，如同落日或旭阳。总是让许多人推着走，向前或向后，或紧或慢地行走着。我便跟着它，让它带着我行路。

海、河和山地、田野、古屋厝、青石板砌成的路，有时路石会松动，下雨时分，雨水渗进石缝里，踩上去会有水溅出来。

海边有三桅船，红头船，还有舢板，摇橹的人有男有女，总是戴着圆圆的斗笠，穿着棕红色的大襟衣。那是一种用薯莨混合牛血浆洗过的颜色，他们的脸藏在斗笠的阴影里，看不出真正的表情。

我总觉得潮汕之城是一座天上的城。老人说天上一颗星，地上一个人。在月缺的夜晚，追着如钩的月亮走，此刻，万万不可去摸耳朵，对月娘不敬，月娘见了会割破耳根。真的！有时耳根会像割裂过一样，莫名就伤了，发炎，要好些天方痊愈。我以为天上人间是同一个世界。而潮汕的世界，由一个个有名有姓的角落组成。河东书院，田心宫，青云岩，相国寺，下尾坑，万人冢，等等。我听说了"沉东京，浮南澳"的传说，于是去海角寻找通往沉沦的东京之路，果真看到伸到海水里去的青石板路基。大人们说的话都信以为真。他们都说，潮汕是一座城。

最受欢迎的人是水客和批脚。番批到来的日子，人们脸上便有了喜悦的笑靥，哪怕是阴郁的雨天。

孩子们追着批脚，热心地引着批脚阿叔，从东家到西家，尽管批脚和村路彼此都很熟悉，但并不拒绝孩子们簇拥的热情。他们和孩子们一起快乐。批脚送出了番批，长弓篮里因此也收获了地瓜、米糕、咸鱼或者肉脯，还有一封封的回批。

这是村庄的节日。在批脚或水客到来的日子，独守空房多年的阿婆，脸上有了红晕。人们玩笑嬉戏，说起她们已经很遥远的新婚时光，在繁琐的"六礼"中的种种表现，尤其在"庙见"时，众人喧哗的热闹。连深居简出的马家老太，此时也会偶尔出现在街路上。她的三寸金莲与街石相吻，悄无声息。人如戏台上的老旦，一步一颤，摇动如风。

贫民的房子都面朝大海，富人的屋宇多藏在城市的深巷之中，那些中间是家祠两边为华屋的"驷马拖车"。村庄乡镇里的人都共着一个姓氏，几乎所有的人都同属本家，都在五服之内。家祠并不分贫富，所有的屋宇向孩子们敞开，无论家世。同一姓氏，皆为兄弟姐妹。

朝代在缓慢的岁月中，时有轮转。老人们能够记起的，总不外乎是一些前朝旧事，遥远如始祖的丰功伟绩，如郭氏的"汾阳世家"，从郭子仪直溯到"史祖黄帝、姓开姬周"，其后蕃衍日盛，苗裔蔓延。三千年的跋涉，在他们口中倏忽而过，只是婴儿吞咽一口母乳的工夫。最多自然是《三国演义》和《水浒传》，记忆真切的，莫过于太平天国、拳匪之乱和海上的倭寇。除了倭寇皆同仇敌忾之外，太平天国和拳匪，他们讲述的故事与书上所写全然不同，闪烁其中的说道，是为孩子的困惑。

在我出生前六百年，城市还未开埠，潮汕之城尚在渔村的包围之中。红头船虽已在海上漂流多年，但把无关海上的人，从潮汕送到异国他乡这件事，那时才刚刚开始。在 13 世纪的潮汕，随红头船漂洋过海，去异邦夷狄另觅生地，那是豪勇者、冒险者所为。许多流传于坊间城中的勇敢者的故事，连同他们的发家史，成为潮州歌册的主题。《水蛙记》开篇，主人公秀才詹典，过番三年，撞了好运，受番王赏识。

"臣儿想要回中原，看我家中妻共儿"，"番王听见有理宜，安排财宝乞子儿，二包珍珠共镴石，无价之宝值万铢，玛瑙珊瑚共金银，尽是金条好赤金，银尽佛头七钱二，人参一包重五斤"，"财宝乞你带回家，乞你妻儿去享福，后你回来心免青"。

水客、鸦片捎客、批脚……无数闯海者冒险家的故事，随着潮州歌册的唱和，在千百年的民间教化中，成为潮汕人求生的向导。

在还没有法定的通言路线，邮政交通也只限于政府或民间商队所为，包括诸如郑和下西洋这样的政府通商行为的时代，封闭而无出路的状况，在潮汕人的风格中得到了最早的突破。邮政交通还没有作为法律也还没有成为民众民生的权利，民间水客与批脚的诞生，就成为一种既合时宜又如春风野火一般传衍疾迅的行当。俗称"走水"。

见到"走水"的人，如见海外亲人一般。这种遥远信托形成的依赖，虽无血缘，却胜于血缘的承诺。自 15 世纪以来，除了海盗的劫掠，水客批脚尽管自身生活艰难，银钱拮据，虽过手银钱千万，但侵吞批款或丢失侨批的事极少发生，鲜有记载，而为寻错批主人而苦苦找觅的事屡见不绝。批封上常印有"批银先发""有错取回""保家银信""从静分还"等印封，以证信用。更绝的还有"口信附银"，完全无须批封，口诺便认。

以乡谊、诚信、口诺等精神性保约，化合而行的邮政交通，是侨批最丰富、最人性、最具人格魅力的信托结晶。它成为潮汕这座城邦之所以成为现代城市的精神保证。它的现代性，皆因其对古老淳朴乡土风习的守成。仁义礼智信、天地君亲师，至少把人性欲望从道德上加以过滤。城市行为的民生规约与底层乡愿的设计，使潮汕城市的道德蓝图，规矩方圆无处不在。

在我出生前的五六百年间，城市有形的变动，包括街巷屋屑的摧毁或建设，萧条冷落或繁荣奢华，无日无之。但五六个世纪所形成的规矩方圆，却始终未变。依然是"积厚流光"，依然以"诗礼传家"，依然是"人文化成""正大光明""元亨利贞"。

一座城市，竟然包括了广袤的乡村，连同河流和山脉，阡陌与沃土，无数的道路和码头，码头上的堆栈，堆栈中南来北往的货物，以及散落在城市与乡村的华屋老厝，堆金塑银的屋梁与屋脊，即便残破如斯，依然透出华丽富贵的气势。在海隅之地，却恩准而"皇帝厝，潮汕起"。不是天赐的荣耀，而是皇权对之的无可奈何。本是大族避世的桃花源，却又衍生了海外拓殖的传统。

这种传统并非能简单地归咎于天灾人祸的勒迫。从中原流民的血液中，不难寻觅到这种扩张与进攻的基因，老死于一隅的秉性并非流民的天赐，冒险和骁勇、开疆拓殖才是流民真实的欲望。既然太祖吾民可以从中原一路南下，在未知的疆土上肆意耕耘，大海汪洋自然也是大路朝天，彼岸的荒凉正是心中的繁华。水客和批脚的横空出世，自然引证了直把他乡作故乡的道理。

在潮汕的乡镇与城市行走，早就没有被城市的奢华分离与割裂的印象。在五六个世纪以前，这种印象就已渐行渐远。即便远在穷乡僻壤，依然与香港、与暹罗近在咫尺。这是一种非常奇怪的感觉与印象，它来源于对水客与批脚的想念和想象，那想象来自天空的飞鸟，那思念来自大海的船。这种想象的联结，使地域的距离无足轻重。

这种由水客批脚勾连而成的物质性网络，由对批封的依赖而生的精神性怀念，在没有邮政交通的年代，把无数乡村贯通到城市的血缘系统之中，成了城市经济致密的部分。这是中国包括世界最早实现城市血缘系统的地方。对水客的思念与期待，使多地的迅速连接、合体成为可能，信息的互通是其中的结果，而这正是形成现代城市的元素。

在这个意义上，潮汕早在几百年前，就已经逐渐形成了一个中国最大的城市，拥有了最多的人口：1500 万。由批脚和水客连接而成的互联网，这种奇观无可比拟，其作用堪称时间之奇。

在对外贸易极为发达的潮汕，因为侨批，大多数年份出现了入超（即输入额超过了输出额，亦称逆差）。据潮海关统计，光绪二十一年（1895）入超 754.89 万两，光绪二十六年（1900）入超 757 万两，宣统二年（1910）入超 1191.65 万两，民国十四年（1925）入超 818 万两，民国十九年

（1930）入超 2041 万两。而民国十年（1921）批款不下几千万银元，以后每年批款超 1 亿元，一度超 2 亿元。光绪二十五年（1899）汕头银庄达 60 多家，下辖海内外分号 775 家，国内各县投递局 20 多处。

潮人仰赖此批款为生者，几占全人口十之四五，新祠夏屋更十之八九。

在水客最盛的 19 世纪，仅在汕头，专门递送侨批的水客有 800 人之多，香港有 200 人左右。

潮汕是一座城的事实，连远在欧洲的恩格斯也注意到了。他在 1858 年，用了"口岸"这个词来概括"汕头这个惟一有一点商业意义的口岸"。这个口岸背后的地域依托，自然是一个幅员辽远的城市。这样定义似乎有夸大其词之嫌，但是，恩格斯是相对于中国其他几个口岸，即已经五口通商的城市而言的。那五个开放的城市口岸"差不多都没有进行什么贸易"。而汕头的商业意义，有几个必须注意的前提：其时汕头所处的"这个帝国是如此衰弱，如此摇摇欲坠，它甚至没有力量来度过人民革命的危机"，"这个帝国是如此腐化，它已经既不能驾驭自己的人民，也不能够抵抗外国的侵略"。此刻，"俄国人已占有了黑龙江以北的领土和该河南岸满洲的大部分土地"，"从中国夺取了一块大小等于法德两国面积的领土和一条同多瑙河一样长的河流"。

彼时，中国人正在天朝明令禁止之下，在遍布城乡的无数鸦片烟馆中，吞云吐雾；或从东印度、缅甸等地肩挑背扛，往中国的南方北方贩运鸦片。大批鸦片掮客，跟水客批脚同时驰行。

潮汕的人口输出、茶叶和丝以及鸦片的贸易，不同程度地满足了俄国在远东的成功。而汕头也因此具有了一点商业意义。恩格斯对于汕头的这点评价，实在不值得国人于 150 年来津津乐道。

在欧洲文艺复兴时期的潮汕，较北方更早地输入西方的理念及科学精神，如在侨批中体现的契约与贵族精神，诚信、尊严、大度、公平、关怀弱小等等，体现在侨批封印："从静分还""口信附银""批银先发""有错取回"等字样，强调文本契约的现代性。

我的文学创作和研究，深受家族与地域中西方文化交融的影响，从童年阅读《格林童话》到其后的卢梭《忏悔录》等等，很早就在思想中植入民主反抗专制与暴政的理念。在我的新作长篇小说《铜钵盂》中，通过侨批史所描述的一切，始终感怀着中西方文化交融的机缘。

赏读

　　这是郭小东先生在瑞士中西方文化交流会上所作的一场演讲。开篇即点题，说明演讲的主旨良愿：祈望不同国度、不同人种、不同时代的民族与族群，升华地域与人的文明进度和程度，最终达至各种文明文化的和谐，在美其不美的和平共处中，使人类进入一种理性智性的境界。

　　作者将这个宏大的主题，以及个人的人文理想，寄情于一个叫"潮汕"的城。以自己的出生地和家族能够追溯的五六百年历史，以及上千年族群迁徙的无奈与自得、流民心理的拓殖与守成，融情感于知性，描述兼梳理，告知世界，在地球之东方，在东方之中国，在中国南方的一隅，仍存在着一个自己心目中理想的城邦："在我出生前的五六百年间，城市有形的变动，包括街巷屋厝的摧毁或建设，萧条冷落或繁荣奢华，无日无之。但五六个世纪所形成的规矩方圆，却始终未变。依然是'积厚流光'，依然以'诗礼传家'，依然是'人文化成''正大光明''元亨利贞'。"

　　作者窥斑见豹，阐明了潮汕族群的生存智慧：仁、义、礼、智、信为根本，审时度势、勇谋豪杰彰显中原流民一族的本色，冒险骁勇，开疆拓殖。即使彼时处于"这个帝国是如此衰弱，如此摇摇欲坠，它甚至没有力量来度过人民革命的危机"，这个族群前瞻的目光已越过大海汪洋，彼岸的荒凉正是心中的繁华。越洋的水客和批脚横空出世，直把他乡作故乡。

　　作者从百多年前的"水客制度"，侨批封印"从静分还""口信附银""批银先发""有错取回"等字样，发现侨批中体现的契约与贵族精神，应归功于欧洲文艺复兴时期的潮汕，较北方更早地输入西方的理念及科学精神。潮汕人不断以洋风美雨，反哺这个再生之地，在中西文明的交融碰撞中，以千年之功，沉淀了一座伟大的城市，塑造了一个被称为"东方犹太人"的族群，作者将这个在历史流变中，保有生存智慧和诗礼传家形象，拓殖与守成并重的城邦，作为在中西方文化往来中受益的独特例子，呈献给世界。

　　这是一篇演讲稿，也可以当成一篇学者文化散文来读。文章采用夹叙夹议的方式渐次展开。先以亲历亲见的感性描述引人入胜，再以数据、史实的理性资料拓展框架，后以知人论世的议论升华主题。在段式推进中又是一叙一议并行不悖的，颇见特色。

暗恋桃花源（节选）①

赖声川　等

第七场

老陶接第五场"桃"剧的划船动作，在几番波折之后进入了上游的一个神秘的世界。

第八场

暗中传出美丽、遥远、发思古幽情的笛声。

灯光渐亮，后方的大布景亮起，桃花林古山水画的神秘力量笼罩着舞台。

台上烟雾弥漫，舞台中央有一口古井，右后及左前方各有一块大石头。在右后方的石头上坐着一位身着白袍的女子，背对观众吹着优美的笛声。在迷雾中，她的形象隐约出现。

---

① 选自《中国话剧百年典藏·作品卷9（1980年代Ⅱ）》（人民文学出版社2017年版），有改动。赖声川，1954年出生于美国华盛顿，他导演了《如梦之梦》《暗恋桃花源》等经典舞台剧。

老陶由左方上，被这庞大且幽静的桃花林所吸引；他的心情又陶醉，又好奇，又畏惧。

老　陶　（四下张望着，自言自语）这是什么地方？好大的桃花林！（听笛）风声？水声？好像好遥远，又好像好熟悉……（眼前的一切太费解，在左前方大石上坐下，陷入自己的烦恼）春花一个人在家不知道怎样了？（想一想，酸味）不可能是一个人！（甩开烦恼）不提春花——看看桃花！（闲散地逛着）空气中好像有一股说不出来的味道……我好像来过这地方！（自己也疑惑）不可能，武陵没有这种地方！（吸空气，陶醉）太好了！！

老陶充满了存心享受的情绪，到处看，到处走，这才发现了笛声的来源，看见了后方白袍女子，先吓一大跳，然后小心接近。

老　陶　（端正地站在女子后面客气地）这位姑娘，您的笛子吹得实在好好听，（女子继续吹着）好美，好纯……

白袍女子缓缓地回过头来，竟是和春花一般的面孔，长相与春花完全相同。

老　陶　（见到春花的面孔，大为恐惧，突改语气）……好恐怖！（两相照面，老陶大怒）春花！你怎么也到这里来了？

女子被惊吓，由石头上起立，闪躲。

老　陶　（大跨步地向前追问）春花！你怎么会在这里？

白袍女子　（轻声、温柔地，一点也不像武陵的春花）这位大哥，有什么事吗？

老　陶　你叫我"大哥"？你跟我装什么糊涂？

白袍女子　您是不是认错人了？我不叫"春花"！

老　陶　我一眼就看出来了，我怎么可能认错？我……

白袍女子　您认错人了，大哥。

老　陶　（开始怀疑自己是不是看错）怎么可能不是？

白袍女子　我跟您从来没有见过……（安慰着）我看您是累了，（由井里舀了一瓢水，温柔地）喝点水吧！（陶边怀疑地瞄女子边喝水，心中开始平和一些，但仍然感到整件事情太离奇了。白袍女子温柔、体贴地服侍着他，无限耐心和爱心对待他）

白袍女子　您在找一个人？

老　陶　（仍怀疑地）这是什么地方？

白袍女子　桃花源啊！

老　陶　"桃花源"？（想了想）没有听说过！

白袍女子　您是来做什么的？

老　陶　（脾气暴躁）我是打鱼的！（大男子气魄）来扛大鱼的！！

白袍女子　你刚才是不是在找一个叫"春花"的人？

老　陶　（突然）不要提春花！

白袍女子　我可不可以帮您忙？

老　陶　你能帮什么忙？

白袍女子　帮您找她。她是您什么人？

老　陶　她是我老婆！

白袍女子　您老婆怎么了？

老　陶　（暴躁）不要再提我老婆！

白袍女子　您老婆怎么一回事儿？

老　陶　（怒）不要提我老婆！

白袍女子　为什么不能提您老婆？

老　陶　因为我老婆偷人！（说完就自责，打自己耳光）

白袍女子　（体贴地）大哥，坐下歇会儿。（拉着陶到前方大石上坐下）来！
　　　　把事情慢慢说给我听，您打哪里来的？

老　陶　（平静下来）武陵。（白袍女子表示不懂，老陶手一指）外面！

白袍女子　武陵是什么地方？

老　陶　武陵你都没听说过？

白袍女子　（好脾气）我从小就生在这里，没离开过。

老　陶　也没听别人说过？

白袍女子　他们也都没离开过。

老　陶　（不可思议）你们都没有人出去过？

白袍女子　去哪呀？

老　陶　武陵！

白袍女子　武陵到底是个什么地方？

老　陶　武陵——（这样的一个问题把老陶给问傻了，多少辛酸恩怨一齐上
　　　　来）武陵——武陵——武陵——（比手画脚，怎么也描绘不清楚。无奈

地哀号）武陵……（伤感地把头埋在膝盖上）

白袍女子 （不甚明白）这位大哥，您老婆在武陵怎么啦？

老　陶 （略平静）说出来不怕你笑话，我老婆（给自己一巴掌）偷人！

白袍女子 （真诚地关心）怎么会？是跟什么样的人？

老　陶 那个人——我说出来你都不相信，（激动）我画出来你都没见过这种长相，长得真是难得呀！（比手画脚）他长得就像，就像……就像……（词穷，描绘不出）

　　　　长得跟袁老板一模一样的白袍男子悠闲地从右方出来。

老　陶 ……就像……（见白袍男子像是见鬼一般）啊——（看清楚，大惊，叫）袁老板！你怎么会来这儿？

白袍男子 （跟白袍女子一样柔和）对不起，我不叫"袁老板"！

老　陶 （快疯了）袁老板，你还跟我装糊涂？

白袍男子 您认错人了，我不叫袁老板！

老　陶 你不叫——怎么可能——你——

白袍女子 （上前安慰）您真的认错人了。

　　　　陶崩溃，默默摇头。

白袍男子 （不解地问白袍女子）他怎么啦？

白袍女子 他累了。

白袍男子 （对陶）累了？喝点水吧！

　　　　和白袍女子一样的体贴，用一样柔美的动作从井里舀了一瓢水递给陶，陶接去喝，开始平静。

白袍男子 （问白袍女子）他是……

白袍女子 他说他是"武陵"来的。

老　陶 （依旧不相信，突然发怒，指着白袍两人，指控语气）袁老板！春花！你们不要骗我！一个人长得像就算了！两个人都长得像！啊？（愤怒，冲上前去，两人闪躲）你们是约好了来的？

白袍男子
　　　　　　（齐声，老实地）是，我们是约好来这儿的！
白袍女子

老　陶 （一步步地逼问）那你们怎么来的？

白袍男子 我们是走路来的！

白袍女子 （应声）是，走路来的！

老　陶　（不可思议）什么？你们走路来的会比我划船丕快？

白袍女子　我是先来的！

白袍男子　我是后到，因为我们家里有事！

老　陶　（更吃一惊）家？你们都有家了？你们是什么关系？

白袍女子　我们是夫妻，他是我丈夫！

白袍男子　是！我们是夫妻！

老　陶　（歇斯底里）你们？——（被逼疯似的狂吼）那我死好了！（像第
　　　　　四场一样动作，掐着自己的脖子）我死！我死！我死——

白袍男子　（冷静地冲下来劝）放轻松……放轻松……

　　　　　两人拉着陶的手臂，陶像是被催眠，一会就安静下来。

白袍男子　（问白袍女子）他到底是怎么回事？

白袍女子　他大概是难过……为了他老婆。

白袍男子　（转身问陶）您老婆怎么了？

老　陶　（又怒）我警告你，不要提我老婆！

白袍男子　（转身向女子）他老婆怎么了？

白袍女子　他老婆偷人。

老　陶　（一听见又疯了，狂吼）那我死好了！（玩着自己的手肘手腕，像
　　　　　是机关玩具，猛转）我死！我死！我死——

白袍男子　（同前，有耐心地劝导）放轻松……放轻松……

　　　　　陶再度安静下来。

白袍男子　（问白袍女子）他怎么会这个样子？

白袍女子　他刚才提到"大鱼"，可能是他打的鱼小。

白袍男子　（转身问陶）你打的鱼太小吗？

老　陶　（又大受刺激，狂吼）我死好了——（拍着自己的脑袋，脖子一伸
　　　　　一缩，荒谬的死法，不可能死）我死！我死！我死——

白袍男子
白袍女子　（再一次地）放轻松……放轻松……

　　　　　老陶再度平静。

白袍男子　（下结论）我现在明白了！（对陶）你捕到大鱼的话，你老婆就
　　　　　不会偷人！

老　陶　（忙于辩论）这是两回事！（像第四场的动作，举起双手食指，在

眼前相互交错着）不可能相同的，这是两回事嘛！没有办法相同的！
（双手一撞，左手变成食指和中指，右手只剩拳头，大惊失色）相同
啦——（又要死，狂吼）我死好了！（用两只指头去戳眼睛）我死！我
死！我死——！

白袍男子
白袍女子 （一齐劝）放轻松……放轻松……

      陶又平静下来。

老　陶　你们这个地方真奇怪……

白袍女子　你这么觉得吗？怎么会呢？这里很好呀！

老　陶　（无力地问）你们怎么来到这地方的？

白袍男子　那是很久、很久以前的事。

老　陶　为什么来到这地方？

白袍男子　是我们的祖先带我们来的。

老　陶　祖先？

白袍男子　（展开演说的架势，跟第四场袁老板对春花的演说一样）我们的
　　　　祖先……有一个伟大的抱负！（如同传颂天国的佳音）他们带领我们，
　　　　到这美丽的田园，让我们这些延绵不绝的子孙，手牵着手，肩并着
　　　　肩……

老　陶　（插嘴）你们的祖先是谁？

白袍男子　他们……（一时迷惑）他们已经不重要了。（恢复肉麻的腔调）
　　　　因为……他们的抱负——在这里开花！他们的理想——在这里结果！
　　　　（拉着白袍女子的手，两人欢乐地微笑）所以我们左手拿着葡萄，右手
　　　　举着美酒，嘴里含着凤梨。

老　陶　那不是成了猪公？

白袍男子　（一语把他问傻了）这……这……（搞不清楚了，接不下去，换
　　　　话题）我们不谈这些无谓的问题！我想您大概累了，肚子饿了吧！我让
　　　　她烧两样小菜，好好地招待您。

老　陶　（倔强）我不饿！

白袍男子　来嘛！

白袍女子　（一旁劝着）要是您愿意的话，您可以在我们这儿住下来！

白袍男子　要是您家里有什么问题，您可以在我们家多住几天，轻松轻松。

白袍男女拉着老陶往台下去。

老　　陶　（爆炸开来）袁老板！春花！我住在你们家？我怎么能轻松？

白袍男子
白袍女子　　走吧！

老　　陶　（放声大呼）袁老板——

白袍男子　（边拉陶下）忘掉袁老板！

老　　陶　（呼）春花——

白袍女子　忘掉春花！

老　　陶　（还不死心）这是什么地方？

白袍男子
白袍女子　　（齐声）桃花源。

灯光渐暗，三人往下走，只听见老陶意犹未尽的。

老　　陶　桃花源？

灯暗。

第九场

田园般的梦幻境界，老陶也穿上了白袍，浪漫地和白袍女子，白袍男子戏耍。这个悠闲诗意的画面渐渐被《暗恋》的时装演员所破坏，直到台上站满了"桃""暗"两剧的演员。"桃"剧又中断了。

《暗恋》导演　我们非要把事情解决！

导演手上拿着场租证明文件，理直气壮，说着便要冲上去对付饰袁老板的演员，被饰护士和江太太的演员拉住了。

饰袁老板的演员　怎么解决？（刚被惊吓后的情绪）没有见过这种事情！

饰老陶的演员　（生气）把人吓一大跳！

饰江滨柳和云之凡的演员又忙上去劝住所有人，而所有人的情绪已经到爆炸点。

饰云之凡的演员　（依情理婉婉地劝着）慢慢说……这件事对我们导演很重要！

饰袁老板的演员　难道这件事对我们不重要吗？

饰云之凡的演员　（耐着性子）我们排了一天了，一直在受到干扰……

饰袁老板的演员　受到干扰不是我们的问题哎！你们去找管理员嘛！有没有

人去找？

饰老陶的演员　有。

饰袁老板的演员　谁？

饰老陶的演员　顺子。

饰袁老板的演员　——顺子——（极无奈地叹气）

饰江滨柳的演员　我们打个商量……

饰袁老板的演员　我们现在没办法商量。我现在是内忧外患！我好好的一出喜剧给你们搞得乌烟瘴气！

　　　　饰江太太和护士的演员好不容易劝住《暗恋》导演，可是到这里，导演再也沉不住气了

《暗恋》导演　老弟，你不说，我还不好意思说！（直接人身攻击）我看你的喜剧我很伤心！我很崇拜陶渊明，你怎么可以这么糟蹋他？

饰江滨柳的演员　好了，好了，你别讲了……

饰袁老板的演员　（反攻）你不说我也不说——我看你的悲剧我很想笑！（所有人不知如何反应）我问你："山茶花"怎么演？你演那朵山茶花给我看看好不好？你怎么不演呢？（指饰江滨柳演员身上的睡衣裤）穿着睡衣也出来了？！秋千也搬上台来了？！

《暗恋》导演　（无从说起）哎！他看过戏没有？

　　　　饰江太太的演员又在一旁拉着劝着。

饰云之凡的演员　不要吵了，（冲着袁）商量一下该怎么办嘛！

饰袁老板的演员　我也不知道哇！（看白袍袖下的手表）时间都快没有了……这样好不好？（找出没办法中的办法）舞台的这一半，（指）我们排演；另一半，你们看怎么办就怎么办！

《暗恋》导演　什么？一半一半？我没听说过！

饰袁老板的演员　（吓唬人的）那我也是没办法了！

饰云之凡的演员　（对导演）就这样好了。

　　　　导演望着等着他决定的所有人，只好立刻下决定。

《暗恋》导演　好吧！

　　　　所有人都开始行动。

《暗恋》导演　（还是不服气，拍着自己好不容易找来的"租约"）舞台管理员呢？

饰江太太的演员　排戏吧！管他管理员干什么！

　　"暗"组的人员忙着上道具；"桃"组的人研究他们那一半的场地打算怎么用。

饰老陶的演员　（埋怨）我说过我排戏不能受干扰！

饰袁老板的演员　（已经没有气了）有什么办法？（喘了口气）我们休息一下再开始。先把情绪平静下来，好不好？

饰春花的演员　那待会儿我们从哪里开始呀？

饰袁老板的演员　（想）"桃花源的河边"。

　　"暗"组的道具摆设妥当，饰护士和江太太的演员各自拿了随身小道具下去了。导演检查着自己一半的场子，细心地调整每一个道具上的细节。

　　饰江滨柳的演员穿着睡衣和上海时代的毛衣，一边准备着自己演戏的情绪，一边观察这位老导演执着的工作。导演检查完一切位子，向饰江的演员打了一个手势，准备开始。

　　画布景的先生架好了一个梯子，拿着颜料和刷子，爬在梯子上开始补后方那块桃花林山水画上突兀的白缺块。他专心画画，不受台上任何事的影响。

　　饰江滨柳的演员躺到病床上。灯渐暗。

第十场

　　灯光慢慢地亮起。在舞台的左半挤满了第六场的《暗恋》病房道具——病床、点滴架、矮柜、轮椅、椅子等；舞台右边是空的。

　　老年的江滨柳躺在病床上，静听着工作台上录音机所放出的20世纪30年代老歌——白光所唱的《我是浮萍一片》。

录音机中白光的声音　"我是浮萍一片，飘荡在人生的大海。我曾经独自在幽静的夜晚，与星儿相对谈话，与月儿漫步歌唱……"

　　《暗恋》在后方的白色天幕已经被《桃花源》的桃花林山水画所挡住，因此《暗恋》的幻灯片就直接投射到《桃花源》的山水布景上，造成奇异的重叠效果。

　　所投射的幻灯片都是20世纪80年代的台北市景色：许多张台北市远景、公寓房子、高楼等；接着就是长庚医院的中景；再来就是许多张医院内部走廊的画面，一直到最后打着的是江滨柳的肺部 X 光片，投射在《桃花源》的山水画上，似乎很不搭调，但在纹路上又似乎可以达成一种微妙的配合。

护士以一贯的职业忙碌步伐从病房门进来。

录音机中白光的声音　"……轻风和流水奏出优美的旋律。啊——我陶醉在这幽静的夜晚，啊——我陶醉在这幽静的夜晚。"

护　士　你醒了？（听见歌曲）怎么又在听这支歌？我跟你讲过多少次，不要听这支歌！每次听了心情就不好。关掉好了！（欲关录音机）

江滨柳　不要！这歌好听。

护　士　有什么好听？我听了那么多遍还不知道她在唱什么！

江滨柳　（陷在感伤怀旧的情绪里）她在说：有一个人……他这一生经历了很多很多事情……他想起他曾经陶醉过的一个夜晚。（停顿）那个夜晚，月亮在歌唱，星星在说话；微风和流水合奏出优美的旋律……他以为他拥有了那个晚上。到他老来，他才发现他是孤单的，（绝望的情绪）他唯一能做的事情，只剩下回忆了……

护　士　（欲阻止他自怜的情绪，转头关了录音机）你看你，每一次听这首歌你就这个样子！（骂）你不能老想那一件事情。你算算看，从你登报那一天起，都已经（扳着手指头算）——五天了。你还在等她？我看不必了！第一天云小姐没有来，到第二天我就知道她铁定是不会来的。再说，云小姐还在不在这个世界上都不知道，你干吗这样？

江滨柳当场大受打击，抬头看了护士一眼，护士发现自己说话太狠了一点。

护　士　（缓和）对不起啦，我不是那个意思，我是说——说不定云小姐真的来的话，事情反而会更麻烦，因为你可能更难过，对不对？（江不语）那还不如像现在这样，安安静静地过日子多好。（江仍不语）

江太太推门进来。

同时"桃"组的人穿着白袍古装，搬着大小石块道具，开始布置舞台的右半边。

江太太开口要说台词，望着"桃"组人的忙碌状，十分不能适应。

江太太　（说的是《暗恋》的台词，但注意力却在《桃花源》那一半的活动）你们这个医院也真是的！天天催着我去缴钱，我们病人（拍江滨柳）躺在这儿又不会跑掉……

　　　　"桃"组的人安静地商讨着道具如何在被缩小一半的范围内陈设。

江太太　我刚才去缴钱，那个小姐又说要下班了要结账了，又要我明天去缴，我每天就在这个医院里……

　　　　饰老陶的演员横踱着步子，计量道具的间隔。

江太太　……在这医院里，跑来跑去。

　　　　江太太在说着的时候，江滨柳伸手努力地欲勾住离床边不远的轮椅。

饰老陶的演员　（指挥"桃"组的戏）来吧！

江太太　（对护士）王小姐，我不是说你，我是说……

　　　　"桃"组已开始进入表演的情绪。白袍女子坐右边道具石头上；老陶仍着白袍在石头前漫步，望着眼前假想的河景。老陶脸部表情极为平静，似乎是在桃花源住久了，换上了白袍，和武陵的老陶判若两人。

江太太　（望"桃"组）……这医院好奇怪哟！

老　陶　（说"桃"剧的台词，开朗地对白袍女子说）这地方真好！……

　　　　江太太回身看见江滨柳勾轮椅，忙上前去。

江太太　你要下来你就说嘛！（和护士一同将江滨柳扶上轮椅）

　　　　江太太推着轮椅往台前走。

江滨柳　（对江太太的服侍不耐烦）这里没你的事，你回去吧！

江太太　我回去干什么？我留在这里陪你嘛。

　　　　江太太低头说着，轮椅撞上《桃花源》的道具石头。白袍女子大惊，跳起。

老　陶　……芳草鲜美！

江滨柳　（对江太太，指着石头）你干什么？

江太太　（指空间太小）我怎么办？

　　　　两演员欲为此事争吵，又面临时间的压力，只有重来一遍。江滨柳又回床上，江太太出门；气氛很不和谐。白袍女子回石头上的位子，恢复剧中情绪。

老　陶　（《桃花源》词）……落英缤纷。（叹气）

白袍女子　（一贯地温柔）干吗叹气，这里不是很好吗？

老　陶　（对自己似乎有一些懊恼）是很好，但是我在这儿并没有得到我真正想得到的。

护　士　　（问江滨柳）从哪里开始？

江滨柳　　从关收音机开始。

白袍女子　（对陶）怎么了，来我们这里这么久了，没看您不高兴过！

　　　　　"暗"组的人在舞台左方重整就位，重接一次台词。此时两组的人，一左一右、一前一后的同台演出。

护　士　　（对江滨柳）你看你，每一次听这首歌，你就这个样子！

老　陶　　（对白袍女子）我想家！

护　士　　（对江滨柳）你不能老想那一件事情。

白袍女子　（对陶）你已经来了这么久了，回去干吗？

护　士　　（对江滨柳）你算算看，从你登报那一天起，都已经……（扳着手指头算）

老　陶　　（对白袍女子）多久了？

护　士　　（对江滨柳）五天了！

白袍女子　（对陶）好久了！

　　　　　护士不自在地看着老陶和白袍女子一眼。

护　士　　（对江滨柳）你还在等她？我看不必了！……

老　陶　　（对白袍女子）我怕她还在等我。我想看她愿不愿意跟我一起来。

白袍女子　（替陶考虑）她不一定想来！

护　士　　（对江滨柳）……第一天云小姐没有来，我就知道她铁定是不会来的。

老　陶　　（对白袍女子）不！她会来！

　　　　　两组的人为这样的雷同而惊讶地互看一眼

　　　　　两组分别继续。

白袍女子　（对陶）她可能把你给忘了！

护　士　　（对江滨柳）……再说，云小姐还在不在这个世界上都不知道，你干吗这样？

老　陶　　（对白袍女子）你怎么可以这么讲？

白袍女子

护　士　　（巧合地同时说出）对不起……我不是那个意思！

　　　　　两剧组台词莫名其妙地吻合，台上演员都愣住了。饰老陶的演员糊涂地来回转头看白袍女子和护士，已经搞不清楚该回答谁。

护士情绪受挫，江滨柳息事宁人，准备重来。

白袍男子踱步从右上，继续演《桃花源》的戏。

白袍男子　哪一个意思？

老　陶　大哥！

白袍男子　你们在说什么呀？

白袍女子　他以为我说他"那个"了，其实如果他真的"那个"了，才可能有那个什么嘛！

白袍男子　（听明白了）哦——不要回去吗！你现在回去会干扰到他们的生活！

护士情绪被安抚，在左方又重新接《暗恋》的台词。

护　士　（对江滨柳）我是说，说不定云小姐真的来的话，事情反而会更麻烦……

老　陶　（对白袍男子）这话怎么说？

护　士　（对江滨柳）因为你可能更难过！……

老　陶　（答护士的话）不会！

白袍男子给陶劈头一巴掌。

白袍男子　你讲哪儿去了？

老陶对自己的接错词的混乱也迷惑了，猛摇头，看着"暗"组人员。

"桃"组三人重组，在一边安静地讨论台词。

护　士　……还不如像现在这样，安安静静地过日子多好。

江滨柳沉默不言语。

江太太重新进来，重复前面的抱怨。

江太太　你们这医院也真是的！天天催着我去缴钱，我们病人躺在这儿，又不会跑掉，我刚才去缴钱，那个小姐又说要下班了要结账了，又要我明天去缴，我每天就在这个医院里跑来跑去的。（发现自己说多了）王小姐，我不是说你噢！（不好意思地）我是说，这个医院，好奇怪哟！

"桃"组整军再发，继续在右方演他们的戏。

老　陶　我想回去看看！

江滨柳如前，伸手去勾轮椅，江太太忙着和护士说话都没注意到。

白袍男子　不要回去了！您回去想得到什么？我想您是……您是……（顺着
情绪一转身，见江滨柳勾轮椅，看着看着，顺嘴便说）您是抓不到！
（发现自己接错台词，立即给自己一嘴巴子）

江太太　（对江滨柳）你要下来，你就说嘛！

　　　　如前，江太太和护士帮着江滨柳坐下轮椅。

老　陶　（接回自己的戏）我还能说什么？

白袍男子　（对陶）没有事，最好不要回去！

江滨柳　（对江太太）这里没你的事，你回去吧！

江太太　我回去干什么？（说着，推江滨柳往前走）

老　陶　（对白袍男子）我想回去看看我就死心了！

江滨柳　（对江太太）没你的事，你回去吧！

江太太　我留下来陪你嘛！

　　　　江太太不小心把轮椅推向舞台前方中央，刚好往老陶和白袍男子中
间的位子进行。

白袍男子　（对陶，但边瞄着椅上的江滨柳）回去会惹事，不要回去！

　　　　轮椅已经停在老陶和白袍男子中间。

江滨柳　（对江太太，但边瞄着陶）你回去吧！

江太太、老陶　（互看）我……

白袍男子　（语气由柔和改为凶悍）你不要回去！

江滨柳　（和白袍男子对上了）回去吧！

白袍男子　不许回去！

　　　　白袍男子和江滨柳都不管自己的戏了，接着用自己戏中的台词对骂
起来了，其他人在旁不知如何是好。

江滨柳　你快回去吧！

白袍男子　（更火了）我警告你不许回去！

江滨柳　（挥手，大怒）回去！回去！快回去！

白袍男子　我说不许回去！（硬扯《桃花源》台词）回去就回不来了！

　　　　《暗恋》导演突然奔上台来。

《暗恋》导演　（狂吼）停——

饰袁老板的演员　（跳出"白袍男子"的角色，恢复戏外身份，自言自语的
无奈）不要再停了！

全体呆站着。沉默许久。

《暗恋》导演 （打破沉默）袁老板！

饰袁老板的演员 （窝囊已极）我不叫"袁老板"！

《暗恋》导演 （忍下来）大导演！你们到底还有几场戏？

饰袁老板的演员 （也忍，喘了一大口气指陶）他还要从桃花源回到武陵。

就剩这么一场戏！

《暗恋》导演 （立即盘算）好！我们让！你们赶快！

护　士 （大叫）你就这样让啦？

《暗恋》导演 不让我们能排吗？

"桃"组一听，土匪得逞般地忙去张罗道具。

一时间，舞台上"暗"组人员忙于撤退，"桃"组人员奔去吆喝。

十分热闹，两边道具杂成一团。

灯光渐暗。

赏读　　　　《暗恋桃花源》讲述了因剧场管理员场地安排上的差错，《暗恋》剧组和《桃花源》剧组在同一场地争着排戏互相干扰、彼此打断的故事。《暗恋》是一出现代悲剧，男主人公江滨柳和女主人公云之凡，因战乱而相遇复又离散，不约而同逃到台湾而互不知情。罹患癌症不久于人世的江滨柳通过报纸找寻云之凡，四十多年后两人再相见，男婚女嫁，物是人非。《桃花源》是一出古装喜剧，武陵人老陶不育，妻子春花与房东袁老板私通，老陶被逼离家出走，沿河而上，进入"芳草鲜美、落英缤纷"的桃花源，碰见了长相酷似春花、袁老板的一对夫妻，三人度过一段单纯的时光，老陶心中依然难忘春花，回到武陵，却发现春花和袁老板陷入了柴米油盐的纠葛之中，并没有过上美满幸福生活。在这两出戏剧之外，还有一个不时在两剧之间出现的寻找情人刘子骥的时髦女郎。总体而言，这是一部"混乱"的、"不彻底"的戏剧，戏内戏外的种种矛盾让悲剧与喜剧、古代与现代、现实与理想、忠诚与背叛这些对比鲜明的存在最终互相纠缠融合在一部《暗恋桃花源》中。

"戏中戏"的整体结构使得这部戏不但有"戏内冲突"，还有"戏外冲突"。戏外冲突因《暗恋》剧组和《桃花源》剧组为争抢排演场地产生，这是这部戏的主要矛盾冲突。除了戏外冲突，两部戏又各有戏内冲突，戏内冲突一方面存在于剧中人之间，如《暗恋》剧中的江滨柳、云之凡、江太太之间，《桃花源》中的老陶、春花、袁老板之间；另一方面，还存在剧中人和剧外人之间，如《暗恋》演员和导演之间，以及《桃花源》演员和道具的冲突。在这些本来就复杂的矛盾冲突之外，还有一个不断走上舞台寻找情人刘子骥的时髦女郎与两个剧组之间的矛盾冲突。由于矛盾众多，冲突不断产生，整部话剧热闹非凡。戏内戏外诸多矛盾一开始就将观众置入乱哄哄的矛盾之中，怎么办、怎么演的困惑从开始就困扰着观众，吊足他们的胃口。此外，正因为矛盾冲突不断，观众又可以不时欣赏由矛盾冲突带来的戏剧效果。虽然整部戏矛盾众多，头绪复杂，但因为始终以两个剧组之间的矛盾冲突为主线，所以整体上乱中有序。两个剧组之间为争排演场地互不相让，最后同台演出互相干扰成为整部话剧的高潮部分。剧作家用互相干扰的两部平凡的"小戏"碰撞出另外一部"大戏"。

　　错综复杂的戏剧冲突、新颖的戏剧结构、富有表现力的戏剧语言、开放性的主题是《暗恋桃花源》这部话剧成功的重要因素，而渗透在这些因素背后的是剧作家融合传统和现代的创意戏剧观念及篇章的艺术，这是这部话剧得以不平凡的关键所在。

一个人的村庄（节选）①

刘亮程

　　我出去割草，去得太久，我会将钥匙压在门口的土坯下面。我一共放了四块土坯迷惑外人，东一块，西一块，南北各一块。有一年你回来，搬开土坯，发现钥匙锈迹斑斑，一场一场的雨浸透钥匙，使你顿觉离家多年。又一年，土坯下面是空的，你拍打着院门，大声地喊我的名字。那时村里已没有几户人家，到处是空房子，到处是无人耕种的荒地，你趴在院墙外，像个外人，张望着我们生活多年的旧院子，泪眼涔涔。

　　芥，我说不准离家的日子，活着活着就到了别处。我曾做好一生一世的打算在黄沙梁等你，你知道的，我没这个耐力，随便一件小事都可能把我引向无法回来的远处。在过去的几十年里，村里人就是为一些小事情一个一个地走得不见了。以至多少年后有人问起走失的这些人，得到的回答仍旧是：

　　"他割草去了。"

　　"她浇地去了。"

---

　　①　选自《一个人的村庄》（浙江文艺出版社 2013 年版），有改动。刘亮程，1962
年出生，新疆沙湾人。著有《一个人的村庄》《在新疆》等。

人们总是把割草浇地这样的事看得太随便平常。出门时不做任何准备，不像出远门那样安顿好家里的一切。往往是凭一个念头，也不跟家里人打声招呼，提一把镰刀或扛一把锨就出去了，一天到晚也不见回来，一两年过去了还没有消息。许多人就是这样被留在了远处。他们太小看这些活计了，总认为三下五下就能应付掉，事实上随便一件小事都能消磨掉人的一辈子，随便一片树叶落下来都能盖掉人的一辈子。在我们看不见的角角落落里，我们找不到的那些人，正面对着这样那样的一两件小事，不知不觉地过去了一辈子，连抬头看一眼天的时间都没有，更别说地久天长地想念一个人。

我最终也一样，只能剩一院破旧的空房子和一把锈迹斑斑的钥匙——我让你熟悉的不知年月的这些东西在黄沙梁，等待遥无归期的你。我出去割草。我有一把好镰刀，你知道的。

多少年前的一天下午，村子里刮着大风，我爬到房顶，看一天没回家的父亲，我个子太矮，站在房顶那截黑糊糊的烟囱上，抬高脚尖朝远处望。当时我只看见村庄四周浩浩荡荡的一片草莽。风把村里没关好的门窗甩得啪啪直响，连一个人影都看不见，满天满地都是风声，我害怕得不敢下来。

我母亲说，父亲是天刚亮时扛一把锨出去的。父亲每天都是这个时候出去。我们从来不知道他在侍弄哪块地。只记得过不了多长时间，父亲的那把锨就磨得不能使了。他在换另一把锨时，总是坐在墙根那块石板上，一遍又一遍地刮磨那根粗糙的新锨把，干得认真而仔细。有时他抬头看看玩耍的我们，也偶尔使唤我给他端碗水拿样工具。我们还小，不知道堆在父亲一生里的那些活，他啥时候才能干完，更不知道有一件活会把父亲永远留在一块地里。

多少年来我总觉得父亲并没有走远，他就在村庄附近的某一块地里，某一片密不透风的草莽中，无声地挥动着铁锨。他干得忘记了时间，忘记了家和儿女，也忘记了累。多少年后我在这片荒野上游荡，有一天，在草莽深处我看见翻得整整齐齐的一大片耕地，我一下认出这是父亲干的活。我跑过去，扑在地上大喊父亲、父亲……我听见我的声音被另一个我接过去，向荒野尽头传递。我站起来，看见父亲的那把铁锨插在地头上，木把已朽。我知道父亲已经把活干完了，他正在回家的路上。我也该回家看看了。我记不清自己游荡了多少年，只觉得我的身体在荒野上没日没夜地飘游，没有方向，没有目的，也不知道累，若不是父亲翻虚的这片地挡住我，若不是父亲插在地头的铁锨提醒我，我就无边无际地游荡下去了。

芥，那时候家里只剩了你。我的兄弟们都不知到哪里去了，他们也和父亲一样，某个早晨扛一把锨出云，就再不回来了。我怎么也找不到他们。黄沙梁附近新出现了好多村子，我的兄弟们或许隐姓埋名生活在另一个村庄了。有些人就是喜欢把自己的一生像件宝贝似的藏起来不让人看，藏得深而僻远。

我记得三弟曾对我说过，一个人就这么可怜巴巴的一辈子，为啥活给别人看呢。三弟是在父亲走失后不久说这句话的，那时我就料到，三弟迟早会把自己的一生藏起来。没想到我的兄弟们都这么小气地把自己的一辈子藏在荒野中了。

……

一个秋天的下午，我终于在一户人家的窗台上找到了我的镰刀，它被磨得只剩下一弯废铁。

这户人家看样子是喂牲口的，房前屋后垛了从远远近近的野地里割来的荒草，我的那捆草肯定压在这些高高的草垛中间，要是能翻出来，我会一眼认出它的。我捆草的方式跟谁都不一样。每一捆草上我都作了只有我能看出的记号。我暗暗在我经手的每件事情上都留下我的痕迹，甚至在鞋底上刻上代表我名字的一个字，我走到哪，就把这个字印到哪，在某些关键地段，我有意把脚印踩得很深，我这样做只是为了多年后当我重返这片荒野时，能清晰地看到自己生活过的痕迹。很早我就预感到我还会来到这片荒野上，还会住进黄沙梁，不是我一个人，而是一大群，那时的我作为曾经入世的向导，走在浩浩荡荡的人群前面，扛一把铁锨指指点点。我引他们走我走过的长短路途，经历我经历过的所有事物，他们不会比我做得更出色。

我房前屋后转了一圈，没见一头牲口，人也不知干啥去了，门窗敞开着。我想喝口水，可是水缸是空的，院子中间的一棵榆树，也像枯死多年了，树杈上高高地吊着只破马灯，足有两个人那么高。我想是树很小的时候，这家人把马灯挂在树枝上，坐在树下的灯影里一夜一夜地干着一件事。后来树长高了，马灯跟着升到高处，在这个谁也够不着的高度上马灯熬干灯油，自己熄灭了。这家人的活干完了没有呢。

枯树下面是一架只剩一只轱辘的破马车。一匹马的骨架完整地堆在车辕中间。显然，马是套在车上死掉的，一副精致的皮套具还搭在马骨头上。这堆骨架由一根皮缰绳通过歪倒的马头拴在树干上，缰绳勒进树身好几寸，看来赶车人把车马拴在树上去干另一件事，结果再没回来——或者来得像我一样晚。这期间榆树长了一圈又一圈……

我坐在一架吱吱乱响的木椅上，爱怜地抚摸着我的镰刀，我真心疼啊。是怎样的一个人把我的镰刀使唤成这样。他用我的镰刀干完了本该由我去干的这些活，要不是找这把镰刀，我的草也会垛得跟这户人家的一样高。一把好镰刀，在别人手中经历了一切，变成一弯废铁，它干出的活成了别人的。我想了想，要干掉多少活才能磨废一把镰刀呢。干完这些活要花多少个年月。想着想着我惊愕了：这户人早已不在人世。

我不知道时间过去了多少年，也许我的一辈子早就完了，而我还浑然不觉地在世间游荡，没完没了。做着早不该我做的事情，走着早就不属于我的路。

亲人们一个个走掉了，村里人也都搬到别处，我的四周寂静下来，远远近近，没有人说话的声音，也听不到走路声。我在一个人的村庄进进出出，没有谁为我敲响收工的晚钟，告诉我：天黑了，你该歇息了。没有谁通知我：那些地再不用种，播种和收获都已结束。那个院子再不用去扫，尘土不会再飘起，树叶不会再落下。更没有谁暗示我：那个叫芥的女人，你不必去想念了。她的音容笑貌，她的青春，一切的一切，都在一场风中飘散。结束吧，世间还有另一些事情，等着发生呢。

赏读

刘亮程的《一个人的村庄》写他自己的村庄，写他生于斯长于斯的那一方乡土。他描绘着村庄里的一个个生命，真朴的本色充满了迷惘与沉痛。这个村庄是荒芜的，生与死不仅是村庄里的人们无法破解的哲学命题，也是他们无力争取也无力挣扎的人生宿命。

这个村庄有过去，有现在，也有未来。但让人最迷惘绝望的不是过去与现在，而是未来。未来会成为现在，一层又一层地堆积在那些有了年份的泥土上。村里的人都知道，这堆积起来的新土永远不会到达村庄以外的新地方，它们只会慢慢沉淀下来，继续滋养这片土地上下一批要经历劳动，经历与其他生物气息交换，经历生老病死的人们。而当这批人老死时，他们最后的呼吸可能比从枝头飘落的叶片还要微不可闻，他们躺在曾经的新土上，与被他消耗掉养分的土壤一起消失在新生儿的脚印里。

在这个村庄里，你能感受到时间的流动。就像我们熟悉的那个创世神话"盘古开天辟地"一样，人们呼出的气息变成了风，肌肤变成了大地，血液成为河流，汗水化为雨露。最原始的生命之间的缠绕、物质之间的交融、生死之间的演化，日复一日地在这座村庄里循环上演着。

刘亮程以一个村民的身份进行观察和叙述。但那观察的视角、叙述的口吻却似乎不是来自一个人，而是来自生养了这村里一草一木的土地。所以他观察的视线里，有迷失在村庄之外的生命的线索，也有村庄内物质循环的过程；有关于一个工具来历和去踪的纪录片，也有某个时刻村庄的全景图。他叙述的口吻，是现实的，又是苍老的。或者说他叙述的一直是同一件事，只不过引起了这座村庄不同时空的共鸣。

若要说他与那些回归村庄而获得内心平静的人有什么相似之处，那便是他也同样具备平静的能力。只不过他的平静是与生俱来的。这种平静主要表现在，他没有过分夸大村庄的价值，也没有炫耀自己作为叙述主体的独特与高贵，更没有强调人与村庄之间如何相互成就。他只是给予这个叙述内容中所有事物，包括他自己以同等的尊严。他不是以自己为主体思索时恍然发现万物与自己的联系，而是以一种深情的眷恋近乎忘我地凝视着村庄的每一个角落。风中或生长或腐蚀的生命和物质，记录在他对家乡的凝视里。而这被记录下的村庄里的传说和回忆，也仿佛为了回馈他的深情与眷恋，随着岁月的流逝，它们作为不同物质体所表露的外在形式逐渐剥落，向他展露出一串串生命的密码。

刘亮程认为，创作散文使他找到"自己的语言方式"。刘亮程的散文有诗性特征，是心之所至、情之所生、意之所往的结晶。它不但在语言、情感和意境上呈现出生命诗性的艺术内蕴，而且在结构上随情布段，缘意立节，显现出一种魂之所摄的灵动的散化结构。看似分散，实则外断内连，血脉相通，意流情动，于自然而然的形态中蕴藉着丰厚的内涵。以诗为文的手法极大开拓了刘亮程散文的诗性空间，使其散文具有独特的美学价值。

切磋琢磨

1. 本单元五篇作品在篇章艺术上很有特色，皆以"自己的语文方式"构垒文章。《落花时节读旧笺》以 20 位作家朋友给自己写过的旧笺为主体构思全文，20 封本不相干的旧笺因作者的"读"而浑然成一不可分割的整体；《水客制度、族群与一座叫潮汕的城》是演讲稿，读着读着又如读一篇铺开宏大历史文化背景的学者散文；《暗恋桃花源》是戏剧，却打破了一般戏剧的结构……请你选择这五篇作品中的一篇，深入研读，分析其篇章艺术，并结合自身写作实践，尝试修改自己的一篇习作，使其在篇章结构上更具有艺术性和创新性。

2. 《暗恋桃花源》打破了以往的舞台成规，把《暗恋》与《桃花源》两出戏巧妙地安置在同一个舞台上，带来奇特的戏剧结构和悲喜交错的观看效果。如果把话剧《暗恋桃花源》改写成小说，是否还能有这种艺术效果？请在课外阅读《暗恋桃花源》全剧的基础上，小组合作改写，要求保留原来两个故事三条线索的设定，重新创造它们之间的联系。

风格的多样

　　风格。若人，指风度品格，如刘勰在《文心雕龙》中说："才有庸俊，气有刚柔，学有浅深，习有雅郑。并情性所铄，陶染所凝，是以笔区云谲，文苑波诡者矣。"是说人之性格风致，也讲造成文学作品不同艺术风格的主观条件。文品风格由人而来，而异。

　　艺术风格，不是指艺术特点，而是指在艺术创造的诸要素中，作家一贯的独创性、独特性及审美理想的实践性等。作家各自坚守的独创性，构成了文学艺术花园的风格多样性、丰富性。

　　这一定义指向了至少两方面的可能性：一是同一艺术家本身，在不同的艺术种类创作中，呈现了多样风格。如鲁迅的小说与杂文，在风格上是有所选择、各有倚重的。二是不同艺术家之间的风格区别，以及由于时代环境的关系，产生了风格的同一性，形成了较为接近的艺术流派。

　　本部分所分析的，是文学作品风格的多样性所带来的文学的丰富性。特别要强调的是文学风格的时代性和民族性，在不同的作家那里，是如何呈现着不同的风格面貌精神构建的。

　　必须注意的是，风格的形成与社会生活内容及客观的时代要素相关紧密，但艺术形式方面的因素（如体裁、母语方言、艺术方法、写作技巧等）的师承扬弃，都会对同一时代的文学风格形成产生影响。

　　《典论·论文》："盖奏议宜雅，书论宣理，铭诔尚实，诗赋欲丽。"《文心雕龙·定势》："章表奏议，则准的乎典雅；赋颂歌诗，则羽仪乎清丽；符檄书移，则楷式于明断；史论序注，则师范于核要；箴铭碑诔，则体制于宏深；连珠七辞，则从事于巧艳……"

　　不同体裁要求不同的文辞方式，而其辞章风格却又因人而异。

　　刘勰曾把风格分为：典雅、远奥、精约、显附、繁缛、壮丽、新奇、轻靡八类。也有其他各家分为六类、二十四类的。风格的多样性，是无极限的；人类的艺术心灵，更是无边界的。

风　波①

鲁　迅

　　临河的土场上，太阳渐渐的收了他通黄的光线了。场边靠河的乌桕树叶，干巴巴的才喘过气来，几个花脚蚊子在下面哼着飞舞。面河的农家的烟突里，逐渐减少了炊烟，女人孩子们都在自己门口的土场上泼些水，放下小桌子和矮凳；人知道，这已经是晚饭的时候了。

　　老人男人坐在矮凳上，摇着大芭蕉扇闲谈，孩子飞也似的跑，或者蹲在乌桕树下赌玩石子。女人端出乌黑的蒸干菜和松花黄的米饭，热蓬蓬冒烟。河里驶过文人的酒船，文豪见了，大发诗兴，说，"无思无虑，这真是田家乐呵！"

　　但文豪的话有些不合事实，就因为他们没有听到九斤老太的话。这时候，九斤老太正在大怒，拿破芭蕉扇敲着凳脚说：

　　"我活到七十九岁了，活够了，不愿意眼见这些败家相，——还是死的好。立刻就要吃饭了，还吃炒豆子，吃穷了一家子！"

① 选自《呐喊》（译林出版社 2018 年版）。鲁迅（1881—1936），浙江绍兴人。著有《呐喊》《彷徨》等。

伊的曾孙女儿六斤捏着一把豆，正从对面跑来，见这情形，便直奔河边，藏在乌桕树后，伸出双丫角的小头，大声说，"这老不死的！"

九斤老太虽然高寿，耳朵却还不很聋，但也没有听到孩子的话，仍旧自己说，"这真是一代不如一代！"

这村庄的习惯有点特别，女人生下孩子，多喜欢用秤称了轻重，便用斤数当作小名。九斤老太自从庆祝了五十大寿以后，便渐渐的变了不平家，常说伊年青的时候，天气没有现在这般热，豆子也没有现在这般硬：总之现在的时世是不对了。何况六斤比伊的曾祖，少了三斤，比伊父亲七斤，又少了一斤，这真是一条颠扑不破的实例。所以伊又用劲说，"这真是一代不如一代！"

伊的儿媳七斤嫂子正捧着饭篮走到桌边，便将饭篮在桌上一摔，愤愤的说，"你老人家又这么说了。六斤生下来的时候，不是六斤五两么？你家的秤又是私秤，加重称，十八两秤；用了准十六，我们的六斤该有七斤多哩。我想便是太公和公公，也不见得正是九斤八斤十足，用的秤也许是十四两……"

"一代不如一代！"

七斤嫂还没有答话，忽然看见七斤从小巷口转出，便移了方向，对他嚷道，"你这死尸怎么这时候才回来，死到那里去了！不管人家等着你开饭！"

七斤虽然住在农村，却早有些飞黄腾达的意思。从他的祖父到他，三代不捏锄头柄了；他也照例的帮人撑着航船，每日一回，早晨从鲁镇进城，傍晚又回到鲁镇，因此很知道些时事：例如什么地方，雷公劈死了蜈蚣精；什么地方，闺女生了一个夜叉之类。他在村人里面，的确已经是一名出场人物了。但夏天吃饭不点灯，却还守着农家习惯，所以回家太迟，是该骂的。

七斤一手捏着象牙嘴白铜斗六尺多长的湘妃竹烟管，低着头，慢慢地走来，坐在矮凳上。六斤也趁势溜出，坐在他身边，叫他爹爹。七斤没有应。

"一代不如一代！"九斤老太说。

七斤慢慢地抬起头来，叹一口气说，"皇帝坐了龙庭了。"

七斤嫂呆了一刻，忽而恍然大悟的道，"这可好了，这不是又要皇恩大赦了么！"

七斤又叹一口气，说，"我没有辫子。"

"皇帝要辫子么？"

"皇帝要辫子。"

"你怎么知道呢?"七斤嫂有些着急,赶忙的问。

"咸亨酒店里的人,都说要的。"

七斤嫂这时从直觉上觉得事情似乎有些不妙了,因为咸亨酒店是消息灵通的所在。伊一转眼瞥见七斤的光头,便忍不住动怒,怪他恨他怨他;忽然又绝望起来,装好一碗饭,搡在七斤的面前道,"还是赶快吃你的饭罢!哭丧着脸,就会长出辫子来么?"

太阳收尽了他最末的光线了,水面暗暗地回复过凉气来;土场上一片碗筷声响,人人的脊梁上又都吐出汗粒。七斤嫂吃完三碗饭,偶然抬起头,心坎里便禁不住突突地发跳。伊透过乌桕叶,看见又矮又胖的赵七爷正从独木桥上走来,而且穿着宝蓝色竹布的长衫。

赵七爷是邻村茂源酒店的主人,又是这三十里方圆以内的唯一的出色人物兼学问家;因为有学问,所以又有些遗老的臭味。他有十多本金圣叹批评的《三国志》,时常坐着一个字一个字的读;他不但能说出五虎将姓名,甚而至于还知道黄忠表字汉升和马超表字孟起。革命以后,他便将辫子盘在顶上,像道士一般;常常叹息说,倘若赵子龙在世,天下便不会乱到这地步了。七斤嫂眼睛好,早望见今天的赵七爷已经不是道士,却变成光滑头皮,乌黑发顶;伊便知道这一定是皇帝坐了龙庭,而且一定须有辫子,而且七斤一定是非常危险。因为赵七爷的这件竹布长衫,轻易是不常穿的,三年以来,只穿过两次:一次是和他呕气的麻子阿四病了的时候,一次是曾经砸烂他酒店的鲁大爷死了的时候;现在是第三次了,这一定又是于他有庆,于他的仇家有殃了。

七斤嫂记得,两年前七斤喝醉了酒,曾经骂过赵七爷是"贱胎",所以这时便立刻直觉到七斤的危险,心坎里突突地发起跳来。

赵七爷一路走来,坐着吃饭的人都站起身,拿筷子点着自己的饭碗说,"七爷,请在我们这里用饭!"七爷也一路点头,说道"请请",却一径走到七斤家的桌旁。七斤们连忙招呼,七爷也微笑着说"请请",一面细细的研究他们的饭菜。

"好香的干菜,——听到了风声了么?"赵七爷站在七斤的后面七斤嫂的对面说。

"皇帝坐了龙庭了。"七斤说。

七斤嫂看着七爷的脸，竭力陪笑道，"皇帝已经坐了龙庭，几时皇恩大赦呢？"

"皇恩大赦？——大赦是慢慢的总要大赦罢。"七爷说到这里，声色忽然严厉起来，"但是你家七斤的辫子呢，辫子？这倒是要紧的事。你们知道：长毛时候，留发不留头，留头不留发，……"

七斤和他的女人没有读过书，不很懂得这古典的奥妙，但觉得有学问的七爷这么说，事情自然非常重大，无可挽回，便仿佛受了死刑宣告似的，耳朵里嗡的一声，再也说不出一句话。

"一代不如一代，——"九斤老太正在不平，趁这机会，便对赵七爷说，"现在的长毛，只是剪人家的辫子，僧不僧，道不道的。从前的长毛，这样的么？我活到七十九岁了，活够了。从前的长毛是——整匹的红缎子裹头，拖下去，拖下去，一直拖到脚跟；王爷是黄缎子，拖下去，黄缎子；红缎子，黄缎子，——我活够了，七十九岁了。"

七斤嫂站起身，自言自语的说，"这怎么好呢？这样的一班老小，都靠他养活的人，……"

赵七爷摇头道，"那也没法。没有辫子，该当何罪，书上都一条一条明明白白写着的。不管他家里有些什么人。"

七斤嫂听到书上写着，可真是完全绝望了；自己急得没法，便忽然又恨到七斤。伊用筷子指着他的鼻尖说，"这死尸自作自受！造反的时候，我本来说，不要撑船了，不要上城了。他偏要死进城去，滚进城去，进城便被人剪去了辫子。从前是绢光乌黑的辫子，现在弄得僧不僧道不道的。这囚徒自作自受，带累了我们又怎么说呢？这活死尸的囚徒……"

村人看见赵七爷到村，都赶紧吃完饭，聚在七斤家饭桌的周围。七斤自己知道是出场人物，被女人当大众这样辱骂，很不雅观，便只得抬起头，慢慢地说道：

"你今天说现成话，那时你……"

"你这活死尸的囚徒……"

看客中间，八一嫂是心肠最好的人，抱着伊的两周岁的遗腹子，正在七斤嫂身边看热闹；这时过意不去，连忙解劝说，"七斤嫂，算了罢。人不是神仙，谁知道未来事呢？便是七斤嫂，那时不也说，没有辫子倒也没有什么丑么？况且衙门里的大老爷也还没有告示，……"

七斤嫂没有听完，两个耳朵早通红了；便将筷子转过向来，指着八一嫂的鼻子，说，"阿呀，这是什么话呵！八一嫂，我自己看来倒还是一个人，会说出这样昏诞胡涂话么？那时我是，整整哭了三天，谁都看见；连六斤这小鬼也都哭，……"六斤刚吃完一大碗饭，拿了空碗，伸手去嚷着要添。七斤嫂正没好气，便用筷子在伊的双丫角中间，直扎下去，大喝道，"谁要你来多嘴！你这偷汉的小寡妇！"

扑的一声，六斤手里的空碗落在地上了，恰巧又碰着一块砖角，立刻破成一个很大的缺口。七斤直跳起来，检起破碗，合上检查一回，也喝道，"入娘的！"一巴掌打倒了六斤。六斤躺着哭，九斤老太拉了伊的手，连说着"一代不如一代"，一同走了。

八一嫂也发怒，大声说，"七斤嫂，你'恨棒打人'……"

赵七爷本来是笑着旁观的；但自从八一嫂说了"衙门里的大老爷没有告示"这话以后，却有些生气了。这时他已经绕出桌旁，接着说，"'恨棒打人'，算什么呢。大兵是就要到的。你可知道，这回保驾的是张大帅，张大帅就是燕人张翼德的后代，他一支丈八蛇矛，就有万夫不当之勇，谁能抵挡他，"他两手同时捏起空拳，仿佛握着无形的蛇矛模样，向八一嫂抢进几步道，"你能抵挡他么！"

八一嫂正气得抱着孩子发抖，忽然见赵七爷满脸油汗，瞪着眼，准对伊冲过来，便十分害怕，不敢说完话，回身走了。赵七爷也跟着走去，众人一面怪八一嫂多事，一面让开路，几个剪过辫子重新留起的便赶快躲在人丛后面，怕他看见。赵七爷也不细心察访，通过人丛，忽然转入乌柏树后，说道"你能抵挡他么！"跨上独木桥，扬长去了。

村人们呆呆站着，心里计算，都觉得自己确乎抵不住张翼德，因此也决定七斤便要没有性命。七斤既然犯了皇法，想起他往常对人谈论城中的新闻的时候，就不该含着长烟管显出那般骄傲模样，所以对七斤的犯法，也觉得有些畅快。他们也仿佛想发些议论，却又觉得没有什么议论可发。嗡嗡的一阵乱嚷，蚊子都撞过赤膊身子，闯到乌柏树下去做市；他们也就慢慢地走散回家，关上门去睡觉。七斤嫂咕哝着，也收了家伙和桌子矮凳回家，关上门睡觉了。

七斤将破碗拿回家里，坐在门槛上吸烟；但非常忧愁，忘却了吸烟，象牙嘴六尺多长湘妃竹烟管的白铜斗里的火光，渐渐发黑了。他心里但觉得事情似乎十分危急，也想想些方法，想些计画，但总是非常模糊，贯穿不得："辫子呢辫子？丈八蛇矛。一代不如一代！皇帝坐龙庭。破的碗须得上城去钉好。谁能抵挡他？书上一条一条写着。入娘的！……"

第二日清晨，七斤依旧从鲁镇撑航船进城，傍晚回到鲁镇，又拿着六尺多长的湘妃竹烟管和一个饭碗回村。他在晚饭席上，对九斤老太说，这碗是在城内钉合的，因为缺口大，所以要十六个铜钉，三文一个，一总用了四十八文小钱。

九斤老太很不高兴的说，"一代不如一代，我是活够了。三文钱一个钉；从前的钉，这样的么？从前的钉是……我活了七十九岁了，——"

此后七斤虽然是照例日日进城，但家景总有些黯淡，村人大抵回避着，不再来听他从城内得来的新闻。七斤嫂也没有好声气，还时常叫他"囚徒"。

过了十多日，七斤从城内回家，看见他的女人非常高兴，问他说，"你在城里可听到些什么？"

"没有听到些什么。"

"皇帝坐了龙庭没有呢？"

"他们没有说。"

"咸亨酒店里也没有人说么？"

"也没人说。"

"我想皇帝一定是不坐龙庭了。我今天走过赵七爷的店前，看见他又坐着念书了，辫子又盘在顶上了，也没有穿长衫。"

"…………"

"你想，不坐龙庭了罢？"

"我想，不坐了罢。"

现在的七斤，是七斤嫂和村人又都早给他相当的尊敬，相当的待遇了。到夏天，他们仍旧在自家门口的土场上吃饭；大家见了，都笑嘻嘻的招呼。九斤老太早已做过八十大寿，仍然不平而且康健。六斤的双丫角，已经变成一支大辫子了；伊虽然新近裹脚，却还能帮同七斤嫂做事，捧着十八个铜钉的饭碗，在土场上一瘸一拐的往来。

一九二〇年十月

发生于京城的历史上称为"张勋复辟"的事件在遥远的江南水乡掀起一场"辫子"的风波，'皇帝坐了龙庭了"，"皇帝要辫子"，可七斤没有辫子；赵七爷的盘在头顶上像道士一般的辫子放下来了，且幸灾乐祸地质问七斤的辫子哪里去了，使七斤、七斤嫂感到如同受了死刑似的；最后赵七爷的辫子又盘在顶上，"皇帝没有坐龙庭"，辫子的风波消解，乡村百姓仍然按照自己的特有节奏，过着自己似乎既没有大欢乐也没有大痛苦的日子。

这篇小说通过对这场辫子风波的叙述，展示了辛亥革命后中国农村的真实面貌，揭示了缺乏精神信仰和追求的"无特操"的国民性弱点。特操，独立和独特的操守，是基于某种精神信仰而形成的道德准则。辛亥革命后，中国民众的多数与民国、革命依然极其隔膜；民众的"无坚信""无特操"，是辛亥革命及其他一切变革终将失败的根本原因，也是一切类似辫子风波悲喜剧不断上演的现实基础。这是这篇小说深层的思想内涵。

《风波》是鲁迅的代表作之一，体现出鲁迅精心的构思艺术，他巧妙地将大与小、生活真实与艺术虚构、庄与谐的关系统一起来。

鲁迅小说善于"广"域取材，"小"处着眼。辫子是清王朝统治建立和巩固、消亡的标志。在鲁迅眼里，辫子是"张勋复辟"事件的一个符号，是民国革命危机的一种征兆，又是传统文化和国民精神枷锁的一种象征。鲁迅以"改造国民精神，唤起人们的觉醒"为创作的指导思想，试图唤醒国民的自觉，实现国民理想人格的重建。"国民性改造"思想贯穿于他的小说之中。它的意义超出了特定的社会环境。

史料表明，张勋复辟之时，鲁迅在教育部任金事，对于当时的乡村并没有任何直接考察，故事完全出于虚构。但正是这样一个纯粹出于虚构的故事，让人从中获得极富意义的启示。《风波》的虚构方式是革命性的，表明了现代知识分子对于传统文化秩序背叛与重估的勇气。与其说鲁迅所关注的重心在于城市的政治变动及其乡村反应的外在表象，不如说是它们背后的社会心理——传统文化秩序所培育出的社会心理在乡村的顽固残留，以及传统言说方式对于当时乡村现实的误读。

鲁迅的小说有一种特有的讽刺幽默。他的讽刺幽默掩藏在冷峻的智慧之中。《风波》通过对全体出场人物的讽刺性描写，对中国国民的劣根性进行了辛辣的批判。鲁迅特别推崇《儒林外史》"无一贬词，而情伪毕露"的讽刺手法，认为这是讽刺艺术的上乘，他也继承发扬了这种艺术传统。《风波》中，通过写赵七爷张冠李戴，把"留发不留头，留头不留发"这一清初统治者镇压人民的口号扯到太平天国革命（即文中所说的"长毛"）时期，把张勋说成"燕人张翼德的后代"等，勾勒出一个假学问家的可笑形象。"九斤老太"的大怒表面上看与风波没有关联，但九斤老太的名言——"这真是一代不如一代！"恰是鲁迅以幽默的形式洞察了中国社会变革的艰难。

断魂枪①

老　舍

　　沙子龙的镖局已改成客栈。

　　东方的大梦没法子不醒了。炮声压下去马来与印度野林中的虎啸。半醒的人们，揉着眼，祷告着祖先与神灵；不大会儿，失去了国土、自由与主权。门外立着不同面色的人，枪口还热着。他们的长矛毒弩，花蛇斑彩的厚盾，都有什么用呢；连祖先与祖先所信的神明全不灵了啊！龙旗的中国也不再神秘，有了火车呀，穿坟过墓破坏着风水。枣红色多穗的镖旗，绿鲨皮鞘的钢刀，响着串铃的口马②，江湖上的智慧与黑话，义气与声名，连沙子龙，他的武艺、事业，都梦似的变成昨夜的。今天是火车、快枪，通商与恐怖。听说，有人还要杀下皇帝的头呢！

　　这是走镖已没有饭吃，而国术还没被革命党与教育家提倡起来的时候。

---

　　①　选自《骆驼祥子》（中国友谊出版公司 2017 年版），有改动。老舍（1899—1966），北京满族正红旗人。著有《骆驼祥子》《四代同堂》等。

　　②　口马，指张家口外的马匹。

谁不晓得沙子龙是短瘦、利落、硬棒，两眼明得像霜夜的大星？可是，现在他身上放了肉。镖局改了客栈，他自己在后小院占着三间北房，大枪立在墙角，院子里有几只楼鸽。只是在夜间，他把小院的门关好，熟习熟习他的"五虎断魂枪"。这条枪与这套枪，二十年的工夫，在西北一带，给他创出来："神枪沙子龙"五个字，没遇见过敌手。现在，这条枪与这套枪不会再替他增光显胜了；只是摸摸这凉、滑、硬而发颤的杆子，使他心中少难过一些而已。只有在夜间独自拿起枪来，才能相信自己还是"神枪沙"。在白天，他不大谈武艺与往事；他的世界已被狂风吹了走。

在他手下创练起来的少年们还时常来找他。他们大多数是没落子弟，都有点武艺，可是没地方去用。有的在庙会上去卖艺：踢两趟腿，练套家伙，翻几个跟头，附带着卖点大力丸，混个三吊两吊的。有的实在闲不起了，去弄筐果子，或挑些毛豆角，赶早儿在街上论斤吆喝出去。那时候，米贱肉贱，肯卖膀子力气本来可以混个肚儿圆；他们可是不成：肚量既大，而且得吃口管事儿的①；干饽饽辣饼子②咽不下去。况且他们还时常去走会：五虎棍，开路，太狮少狮……虽然算不了什么——比起走镖来——可是到底有个机会活动活动，露露脸。是的，走会捧场是买脸的事，他们打扮得像个样儿，至少得有条青洋绉裤子，新漂白细市布的小褂，和一双鱼鳞洒鞋——顶好是青缎子抓地虎靴子。他们是神枪沙子龙的徒弟——虽然沙子龙并不承认——得到处露脸，走会得赔上俩钱，说不定还得打场架。没钱，上沙老师那里去求。沙老师不含糊，多少不拘，不让他们空着手儿走。可是，为打架或献技去讨教一个招数，或是请给说个"对子"——什么空手夺刀，或虎头钩进枪——沙老师有时说句笑话，马虎过去："教什么？拿开水浇吧！"有时直接把他们赶出去。他们不大明白沙老师是怎么了，心中也有点不乐意。

可是，他们到处为沙老师吹腾，一来是愿意使人知道他们的武艺有真传授，受过高人的指教；二来是为激动沙老师：万一有人不服气而找上老师来，老师难道还不露一两手真的么？所以，沙老师一拳就砸倒了个牛！沙老师一脚把人踢到房上去，并没使多大的劲！他们谁也没见过这种事，但是说着说着，他们相信这是真的了，有年月，有地方，千真万确，敢起誓！

---

① 管事儿的，有营养，吃了不至于不久又饿的。
② 辣饼子，剩下的隔夜干粮。

王三胜——沙子龙的大伙计——在土地庙拉开了场子，摆好了家伙。抹了一鼻子茶叶末色的鼻烟，他抡了几下竹节钢鞭，把场子打大一些。放下鞭，没向四围作揖，叉着腰念了两句："脚踢天下好汉，拳打五路英雄！"向四围扫了一眼："乡亲们，王三胜不是卖艺的；玩艺儿会几套，西北路上走过镖，会过绿林中的朋友。现在闲着没事，拉个场子陪诸位玩玩。有爱练的尽管下来，王三胜以武会友，有赏脸的，我陪着。神枪沙子龙是我的师傅；玩艺地道！诸位，有愿下来的没有？"他看着，准知道没人敢下来，他的话硬，可是那条钢鞭更硬，十八斤重。

王三胜，大个子，一脸横肉，努着对大黑眼珠，看着四周。大家不出声。他脱了小褂，紧了紧深月白色的"腰里硬"，把肚子杀进去。给手心一口唾沫，抄起大刀来："诸位，王三胜先练趟瞧瞧。不白练，练完了，带着的扔几个；没钱，给喊个好，助助威。这儿没生意口。好，上眼①！"

大刀靠了身，眼珠努出多高，脸上绷紧，胸脯子鼓出，像两块老桦木根子。一跺脚，刀横起，大红缨子在肩前摆动。削砍劈拨，蹲越闪转，手起风生，忽忽直响。忽然刀在右手心上旋转，身弯下去，四围鸦雀无声，只有缨铃轻叫。刀顺过来，猛的一个"跺泥"，身子直挺，比众人高着一头，黑塔似的。收了势："诸位！"一手持刀，一手叉腰，看着四围。稀稀的扔下几个铜钱，他点点头。"诸位！"他等着，等着，地上依旧是那几个亮而削薄的铜钱，外层的人偷偷散去。他咽了口气："没人懂！"他低声地说，可是大家全听见了。

"有功夫！"西北角上一个黄胡子老头儿答了话。

"啊？"王三胜好似没听明白。

"我说：你——有——功——夫！"老头子的语气很不得人心。

放下大刀，王三胜随着大家的头往西北看。谁也没看重这个老人：小干巴个儿，披着件粗蓝布大衫，脸上窝窝瘪瘪，眼陷进去很深，嘴上几根细黄胡，肩上扛着条小黄草辫子，有筷子那么细，而绝对不像筷子那么直顺。王三胜可是看出这老家伙有功夫，脑门亮，眼睛亮——眼眶虽深，眼珠可黑得像两口小井，深深地闪着黑光。王三胜不怕：他看得出别人有功夫没有，可更相信自己的本事，他是沙子龙手下的大将。

---

① 上眼，请观众注意看。

"下来玩玩，大叔！"王三胜说得很得体。

点点头，老头儿往里走。这一走，四处全笑了。他的胳臂不大动；左脚往前迈，右脚随着拉上来，一步步地往前拉扯，身子整着①，像是患过瘫痪病。蹭到场中，把大衫扔在地上，一点没理会四围怎样笑他。

"神枪沙子龙的徒弟，你说？好，让你使枪吧；我呢？"老头子非常的干脆，很像久想动手。

人们全回来了，邻场耍狗熊的无论怎么敲锣也不中用了。

"三截棍进枪吧？"王三胜要看老头子一手，三截棍不是随便就拿得起来的家伙。

老头子又点点头，拾起家伙来。

王三胜努着眼，抖着枪，脸上十分难看。

老头子的黑眼珠更深更小了，像两个香火头，随着面前的枪尖儿转，王三胜忽然觉得不舒服，那俩黑眼珠似乎要把枪尖吸进去！四外已围得风雨不透，大家都觉出老头子确是有威。为躲那对眼睛，王三胜耍了个枪花。老头子的黄胡子一动："请！"王三胜一扣枪，向前躬步，枪尖奔了老头子的喉头去，枪缨打了一个红旋。老人的身子忽然活展了，将身微偏，让过枪尖，前把一挂，后把撩王三胜的手。拍，拍，两响，王三胜的枪撒了手。场外叫了好。王三胜连脸带胸口全紫了，抄起枪来；一个花子，连枪带人滚了过来，枪尖奔了老人的中部。老头子的眼亮得发着黑光；腿轻轻一屈，下把掩裆，上把打着刚要抽回的枪杆；拍，枪又落在地上。

场外又是一片彩声。王三胜流了汗，不再去拾枪，努着眼，木在那里。老头子扔下家伙，拾起大衫，还是拉拉着腿，可是走得很快了。大衫搭在臂上，他过来拍了王三胜一下："还得练哪，伙计！"

"别走！"王三胜擦着汗，"你不离，姓王的服了！可有一样，你敢会会沙老师？"

"就是为会他才来的！"老头子的干巴脸上皱起点来，似乎是笑呢。"走；收了吧；晚饭我请！"

王三胜把兵器拢在一处，寄放在变戏法二麻子那里，陪着老头子往庙外走。后面跟着不少人；他把他们骂散了。

----

① 身子整着，两臂不动，身体僵硬地走路。

"你老贵姓?"他问。

"姓孙哪,"老头子的话与人一样,都那么干巴。"爱练;久想会会沙子龙。"

沙子龙不把你打扁了!王三胜心里说。他脚底下加了劲,可是没把孙老头落下。他看出来,老头子的腿是老走着查拳门中的连跳步;交起手来,必定很快。但是,无论他怎么快,沙子龙是没对手的。准知道孙老头要吃亏,他心中痛快了些,放慢了些脚步。

"孙大叔贵处?"

"河间的,小地方。"孙老者也和气了些,"月棍年刀一辈子枪,不容易见功夫!说真的,你那两手就不坏!"

王三胜头上的汗又回来了,没言语。

到了客栈,他心中直跳,唯恐沙老师不在家,他急于报仇。他知道老师不爱管这种事,师弟们已碰过不少回钉子,可是他相信这回必定行,他是大伙计,不比那些毛孩子;再说,人家在庙会上点名叫阵,沙老师还能丢这个脸么?

"三胜,"沙子龙正在床上看着本《封神榜》,"有事吗?"

三胜的脸又紫了,嘴唇动着,说不出话来。

沙子龙坐起来,"怎么了,三胜?"

"栽了跟头!"

只打了个不甚长的哈欠,沙老师没别的表示。

王三胜心中不平,但是不敢发作;他得激动老师:"姓孙的一个老头儿,门外等着老师呢;把我的枪,枪,打掉了两次!"他知道"枪"字在老师心中有多大分量。没等吩咐,他慌忙跑出去。

客人进来,沙子龙在外间屋等着呢。彼此拱手坐下,他叫三胜去泡茶。三胜希望两个老人立刻交了手,可是不能不沏茶去。孙老者没话讲,用深藏着的眼睛打量沙子龙。沙子龙很客气:"要是三胜得罪了你,不用理他,年纪还轻。"

孙老者有些失望,可也看出沙子龙的精明。他不知怎样好了,不能拿一个人的精明断定他的武艺。"我来领教领教枪法!"他不由地说出来。

沙子龙没接碴儿。王三胜提着茶壶走进来——急于看二人动手,他没管水开了没有,就沏在壶中。

　　"三胜,"沙子龙拿起个茶碗来,"去找小顺们去,天汇见,陪孙老者吃饭。"

　　"什么!"王三胜的眼珠几乎掉出来。看了看沙老师的脸,他敢怒而不敢言地说了声:"是啦!"走出去,撅着大嘴。

　　"教徒弟不易!"孙老者说。

　　"我没收过徒弟。走吧,这个水不开!茶馆去喝,喝饿了就吃。"沙子龙从桌子上拿起缎子褡裢,一头装着鼻烟壶,一头装着点钱,挂在腰带上。

　　"不,我还不饿!"孙老者很坚决,两个"不"字把小辫从肩上抢到后边去。

　　"说会子话儿。"

　　"我来为领教领教枪法。"

　　"功夫早搁下了,"沙子龙指着身上,"已经放了肉!"

　　"这么办也行,"孙老者深深地看了沙老师一眼,"不比武,教给我那趟五虎断魂枪。"

　　"五虎断魂枪?"沙子龙笑了,"早忘干净了!早忘干净了!告诉你,在我这儿住几天,咱们各处逛逛,临走,多少送点盘缠。"

　　"我不逛,也用不着钱,我来学艺!"孙老者立起来,"我练趟给你看看,看够得上学艺不够!"一屈腰已到了院中,把楼鸽都吓飞起去。拉开架子,他打了趟查拳:腿快,手飘洒,一个飞脚起去,小辫儿飘在空中,像从天上落下来一个风筝;快之中,每个架子都摆得稳、准、利落;来回六趟,把院子满都打到,走得圆,接得紧,身子在一处,而精神贯串到四面八方。抱拳收势,身儿缩紧,好似满院乱飞的燕子忽然归了巢。

　　"好!好!"沙子龙在台阶上点着头喊。

　　"教给我那趟枪!"孙老者抱了抱拳。

　　沙子龙下了台阶,也抱着拳:"孙老者,说真的吧;那条枪和那套枪都跟我入棺材,一齐入棺材!"

　　"不传?"

　　"不传!"

　　孙老者的胡子嘴动了半天,没说出什么来。到屋里抄起蓝布大衫,拉拉着腿:"打搅了,再会!"

　　"吃过饭走!"沙子龙说。

孙老者没言语。

沙子龙把客人送到小门，然后回到屋中，对着墙角立着的大枪点了点头。

他独自上了天汇，怕是王三胜们在那里等着。他们都没有去。

王三胜和小顺们都不敢再到土地庙去卖艺，大家谁也不再为沙子龙吹胜；反之，他们说沙子龙栽了跟头，不敢和个老头儿动手；那个老头子一脚能踢死个牛。不要说王三胜输给他，沙子龙也不是他的对手。不过呢，王三胜到底和老头子见了个高低，而沙子龙连句硬话也没敢说。"神枪沙子龙"慢慢似乎被人们忘了。

夜静人稀，沙子龙关好了小门，一气把六十四枪刺下来；而后，挂着枪，望着天上的群星，想起当年在野店荒林的威风。叹一口气，用手指慢慢摸着凉滑的枪身，又微微一笑："不传！不传！"

赏读

《断魂枪》这篇小说的故事背景是晚清末年。曾经强盛200年的大清帝国，到了19世纪中叶便江河日下。帝国主义的洋枪洋炮轰开了中国主权的大门，也轰开了中国传统思想文化的大门，中国人"东方的大梦没法子不醒了"，被迫走上了文化反省和比较选择的道路。

《断魂枪》的主人公镖师沙子龙在大动荡的时代背景下，不得不放弃自己经营半生的镖局营生改做客栈老板，并对自己一生练就的绝世枪艺毅然选择"不传"。它真切地投射出了一个衰微的蜕变的时代，既流露了国道不振的感慨，也流露了与昨天告别时的留恋与悲凉，充满着一种古老文化兴衰嬗变的历史悲凉感。

老舍善于把个人命运的小故事和时代变迁的历史大背景结合起来，在短小的篇幅里营造出大格局。"沙子龙的镖局已改成客栈"，这本来可以是平淡无奇的叙述，但放在西方列强的枪炮惊破"东方大梦"的大背景下，内涵和寓意就大不同了。沙子龙的职业更换，他震动江湖的武艺和名声，他行走于荒林野店里的豪放事业，之所以如梦幻般一去不返，与西方列强东侵后引发的中国社会变动密切相关，是历史大变局的反映。如果《断魂枪》仅仅写沙子龙这一条情节线索，这篇小说最终难免成为一曲为中国传统的技艺和精神悼亡的挽歌，但《断魂枪》里还出现了一位孙老者，就他在卖艺场上显露的身手，以及他给沙子龙的表演，明显是位武林名家。他那深藏不露的性格和沙子龙颇为接近。有论者认为孙老者乐观、坚韧，为学习传统的武林绝技而风尘仆仆地奔走江湖，并由此诟病沙子龙的保守；也有论者质疑孙老者不是一个合格的拜艺者。在老舍的艺术构思中，孙老者也许只是作为沙子龙的一个陪衬或推动小说情节发展的一个因素，但他的出现，却使沙子龙的形象得到补充，受到诘问，也使这篇小说由"单声部"叙述变成了"复调"叙述。

小说在塑造人物形象时，运用了烘托和对照的手法，如王三胜的鲁莽气盛与沙子龙的深藏不露相对比；在对同一个人物的描绘中，或用反差极强的对比，或用先扬后抑等手法去刻画其性格特点；对于人物的复杂心理活动，作品并不多用对话和直接的心理剖析，而是通过人物的外形和动作的精确描绘来表现。

老舍作品多以城市人民生活为题材，在新文学史上第一个成功地在艺术世界中构筑起市民王国。他的作品具有一种温婉轻快、悲喜剧结合的讽刺艺术风格。他能纯熟地驾驭语言，善于准确地运用北京话表现人物、描写事件，使作品具有浓郁的地方色彩和强烈的生活气息。《断魂枪》中，人物语言直白简朴，各具特色，彰显人物性格。沙子龙言语少，但通过他的声调和语气，可以穿透他的心理世界，他的沉稳、镇定、大气、圆滑、保守便跃然纸上；王三胜语言的狂妄、不知深浅，足见他的浅薄、粗俗、无勇无谋；孙老者的语言简单利落、直接，可见他的直率耿直、固执己见。老舍以讽刺幽默和诙谐轻松的风格，赢得了人民的喜爱；他以北京话为基础的通俗、凝练、纯净的语言为中国现代文学语言的发展提供了艺术典范，1951 年北京市人民政府授予他"人民艺术家"的光荣称号。

鸳鸯刀（节选）①

金　庸

　　大厅上红烛高烧，中堂正中的锦轴二，贴着一个五尺见方的金色大"寿"字。

　　这时客人拜寿已毕，寿星公萧半和抚着长须，笑容满面地宣布了一个喜讯：他的独生爱女萧中慧，今晚与少年侠士袁冠南定亲，请列位高朋喝一杯寿酒之后，再喝一杯喜酒。众宾朋喝彩声中，袁冠南跪倒在红毡毯上，拜见岳父岳母。萧半和笑嘻嘻地摸出了一柄沉香扇，作为见面礼，袁冠南谢着接过了。袁夫人也笑嘻嘻地摸出了一只玉扳指，袁冠南谢着伸手接过……

　　突然之间，铮的一响，那玉扳指掉到了地下，袁冠南脸色大变，望着袁夫人的右手。原来袁夫人右手小指上，生着一个支指。他抓起袁夫人的左手，只见小指上也有一个支指。袁冠南颤声道："岳……岳母大人，你……你可识得这东西么？"说着伸手到自己项颈之中，摸出一只串在一根细金链上的翡翠狮

---

　　①　选自《雪山飞狐》（广州出版社 2009 年版），有改动。金庸（1924—2018），出生于浙江海宁。著有《射雕英雄传》《神雕侠侣》等。

子。袁夫人抓住狮子，全身如中雷电，叫道："你……你是狮官？"袁冠南道："妈，正是孩儿，我想得您好苦！"两人抱在一起，放声大哭。

寿堂上众人肃静无声，瞧着他母子相会这一幕，人人心里又难过，又欢喜，更杂着几分惊奇。只听得袁夫人哭道："狮官，狮官，这十八年来，你在哪里啊？我无时无刻不在牵记着你。"袁冠南道："妈，我已走遍了天下十八省，到处在打听您下落。我只怕，只怕今生今世，再也见不到妈了。"

萧中慧听得袁冠南叫出一声"妈"来，身子一摇，险些跌倒，脑海中只响着一个声音："原来他是我哥哥，原来他是我哥哥……他是我哥哥……"

林玉龙悄声问妻子："怎么？袁相公是萧太太的儿子？我弄得糊涂啦。"任飞燕道："袁相公不是说出来寻访母亲么？他还托了咱们帮他寻访，说他母亲每只手的小指头上都有一根支指。这萧太太不也认了他么？"林玉龙搔头道："怎么他姓袁，他爹爹又姓萧？"任飞燕道："蠢人，袁相公他三岁时就跟母亲失散，三岁的孩子，怎知道自己姓什么，胡乱安个姓，不就是了。"林玉龙道："这么说来，萧姑娘是他妹子。兄妹俩怎能成亲？"任飞燕道："既是兄妹，怎么还能成亲？你这不是废话？"林玉龙怒道："呸！你说的才是废话。你是我老婆，我却宁可你是我妹子。"

他夫妻俩越争越大声。萧中慧再也忍耐不住，"啊"的一声，掩面奔出。

萧中慧心中茫然一片，只觉眼前黑蒙蒙的，了无生趣。她奔出大门，发足狂走，突然间砰的一下，肩头与人一撞。她"啊哟"一声叫，暗道："不妙！我一身武功，只怕撞伤了人。"忙伸手去扶，突然手腕一紧，左臂酸麻，竟给人扣住了脉门。她一惊之下，抬起头来，右掌自然而然地击了出去。那人反腕擒拿，一带一扣，又抓住了她右腕脉门。这时她已看清，眼前之人正是卓天雄。

卓天雄哈哈大笑，叫道："威信，先收一把！"周威信应声而上，解下了萧中慧腰间挂着的短刃鸳刀。卓天雄道："萧半和名满江湖，今日五十寿辰，府中高手如云。威信，你有没有胆子去取那一把长刃鸳刀？"周威信道："弟子有师伯撑腰，便龙潭虎穴，也敢去一闯。江湖上有言道：'路大好跑马，树大好遮荫。'"卓天雄"哼"的一声，笑道："没出息，先得把师伯拉扯上！"他生平自负罕逢敌手，但让袁冠南和萧中慧以"夫妻刀法"联手击败后，不禁心怯气馁，此时无意间与萧中慧相遇，暗想他男女两人双刀联手固然厉害，但我既已擒住了一人，只剩下袁冠南一个小子，就不足为惧。何况萧中慧落入自己手中，萧府上人手再多，也不怕萧半和不乖乖地将长刃鸳刀交出。

当下卓天雄押着萧中慧，知会了知县衙门，与周威信等一干镖师，径投萧府而来。

那"卓天雄"三字的名刺递将进去，萧半和矍然一凛，叫道："快请！"过不多时，只见卓天雄昂首阔步，走进厅来。萧半和抢上相迎，一瞥眼，见女儿双手反剪，一名大汉手执短刃鸳刀，抵在她背心。

萧半和心中虽惊疑不定，却丝毫不动声色，脸含微笑，说道："村夫贱辰，敢劳侍卫大人玉趾？"卓天雄在京师中久闻萧半和的大名，但见他躯体雄伟，满腮虬髯，果然极为威武，当即伸出右手，说道："萧大侠千秋华诞，兄弟拜贺来迟，望乞恕罪。"萧半和笑道："好说，好说。"伸手与他相握。两人一运劲，手臂一震，均感半身酸麻。这一下较量，两人竟功力悉敌，谁也不输于谁，心下均各钦服，便携手同进寿堂。

两人之中，却以卓天雄更加惊异，他以"震天三十掌"与"呼延十八鞭"称雄武林，那"震天三十掌"唯有"混元炁"可与匹敌，适才萧半和所使的，正是"混元炁"功夫。但"混元炁"必须童子身方能修习，不论男女，成婚后即行消失，因其练时艰辛，散失却又极易，因此武林中向来极少人练。他来萧府之前，早打听明白，知萧半和一妻一妾，女儿也已是及笄之年，怎么还能保有这童子功的'混元炁'功夫，岂非武学中的一大奇事？

袁冠南见萧中慧受制于人，自情急关心，从人丛中悄悄绕到众镖师后，待要伺机相救。但卓天雄眼力何等厉害，早已瞧见，喝道："姓袁的，你给我站住！"又向周威信道："有谁动一动手，你就一刀在这女娃子身上戳个透明窟窿！"周威信道："是。江湖上有言道：'强中更有强中手，恶人自有……'"一想这句话不大对头，下面"恶人磨"三字便吞入了肚中。袁冠南深恐这些人真的伤了萧中慧，哪敢上前一步？

卓天雄道："萧大侠，咱们打开天窗说亮话。兄弟今日造访尊府，一来是跟萧大侠磕头拜寿，二来是想以一件无价之宝，跟萧大侠换一件有价之宝。"萧半和道："小人愚鲁，不明卓大人言中之意。"卓天雄白眼一翻，笑道："那无价之宝嘛，便是令爱千金，有价之宝却是那柄长刃鸳刀。兄弟跟萧大侠无冤无仇，只求能在皇上御前交得了差，保全了这许多兄弟们的身家性命，还盼萧大侠高抬贵手，救一救兄弟。"说着拱了拱手。他的话说得似乎低声下气，但神色之间却极倨傲。

萧半和伸手在椅背上一按，喀喇一响，椅背登时碎裂，笑道："卓大人望重武林，今日却如何这等糊涂？鸳鸯刀既不在小人手中，这位姑娘更不是小人的女儿。难道练童子功混元炁的人，还能生儿育女么？"说着衣袖拂动，一股疾风激射而出。卓天雄侧身避开，心道："半点不假，这果然是童子功混元炁。"

萧中慧初时听说袁冠南是自己同胞兄长，已心如刀绞，这时见父亲为了相救自己，更咬定了不肯认是父女，忍不住叫道："爹爹！"

便在此时，只听得外面齐声呐喊："莫走了反贼萧义！"人喧马嘶，不知府门外来了多少军马。萧府几名仆人气急败坏地奔了进来，叫道："老爷……不好了！无数官兵……官兵堵住了府门，四下里围住了。"

卓天雄听得"莫走了反贼萧义"这句话，心念一动，立时省悟，喝道："好啊！什么萧半和？原来你便是皇上追捕了十六年的反贼萧义。"只见大门口人影晃动，抢进来四名清宫侍卫，当先一人叫道："卓大哥，这便是反贼萧义，还不动手么？"

萧半和哈哈大笑，说道："乔装改扮一十六年，今日还我萧义的本来面目。"伸手在脸上一抹，众人一看，无不惊得呆了。大厅上本已乱成一团，但顷刻之间，人人望着萧半和的脸，竟鸦雀无声。

原来瞬息之间，萧半和竟尔变了副容貌，本来浓髯满腮，但手掌只这么一抹，下巴登时光秃秃的，一根胡须也没有了，便连根拔去，也没这等光法，更没这等快法。

这时袁冠南的书童提着两只书篮，从内堂奔将出来，说道："公子爷，快走！"袁冠南心念一动，从书篮中抓起一本书来，向外抖扬，只见金光闪闪，飘出了数十张薄薄的金叶子。众镖师和官兵只见黄金耀眼，如何能不动心？何况那金叶子直飘到身前，各人伸手便抓。袁冠南扬动破书，不住手地向周威信打去，大厅上便如穿花蝴蝶一般，满空飞舞的都是金叶。周威信倒想着鸳鸯刀不可有失，心想："江湖上有言道：'光棍教子，便宜莫贪。'"虽见金叶飞到，却不去抓。袁冠南手上运劲，啪的一声，一本数斤重的夹金破书掷去，击中了他面门。

周威信叫声："啊哟！"身子晃动。袁冠南双足一蹬，扑了过去。卓天雄横掌阻截，只觉胁下风声飒然，萧半和使混元爪击到。卓天雄知道厉害，只得反掌回挡，真力碰真力，砰的一响，两人各自倒退两步。便在此时，袁冠南左手使刀将周威信杀得晕头转向，右手已解开了萧中慧穴道。

贺客之中，一小半怕事的远远躲开，一大半却是萧半和的知交好友，或舞兵刃，或挥拳脚，和来袭的清宫侍卫、镖师官兵恶斗起来。

萧中慧憋了半天气，欺到周威信身边，左手斜引，右手反勾，啪的一声，结结实实地打了他个耳刮子，顺手扭住他手腕，已将他手中的短刃鸳刀夺过来。袁冠南大喜，叫道：'慧妹！清风引珮下瑶台！'萧中慧眼眶一红，心道："我还能和你使这劳什子的夫妻刀法吗？"游目四顾，见爹爹和卓天雄四掌飞舞，打得难解难分，其余各人，也均找上了对手厮杀，但两名清宫侍卫却迫得袁杨两夫人不住倒退，险象环生。袁冠南叫道："慧妹，快救妈妈！"两人双刀联手，一招"碧箫声里双鸣凤"，一名侍卫肩头中刀，重伤倒地，再一招"今朝有女颜如玉"，又一名侍卫为萧中慧刀柄击中颧骨，大叫晕去。

鸳鸯双刀联手，一使开"夫妻刀法"，果真威不可当，两人并肩打到哪里，哪里便有侍卫或镖师受伤，七十二路刀法没使得一半，来袭的敌人已纷纷夺门而逃。

打到后来，敌人中只剩下卓天雄一个兀自顽抗。袁冠南和萧中慧双刀倏至，一攻左肩，一削右腿。卓天雄从腰里抽出钢鞭一架，铮的一声，将萧中慧的短刃鸳刀刀头打落。夫妻刀法那一招"喜结丝萝在乔木"何等神妙，袁冠南长刀晃处，嗤的一声，卓天雄小腿中刀，深及胫骨，鲜血长流。

卓天雄小腿受伤不轻，不敢恋战，向萧中慧挥掌拍出，待她斜身闪避，双足力蹬，已闪入天井，跟着蹿高上了屋顶。本来袁萧二人双刀合璧，使一招"英雄无双风流婿"，便能将卓天雄截住，但萧中慧刀头既折，这一招便用不上了。

萧半和见满厅之中打得落花流水，幸好己方只有七八个人受伤，无人丧命，大声叫道："各位好朋友，官兵虽然暂退，少时定当重来，这地方是不能安身的了。咱们急速退向中条山，再定后计。"众人轰然称是。

当下萧半和率领家人，收拾了细软，在府中放起火来。乘着火焰冲天，城中乱成一片，众人冲出东门，径往中条山而去。

在一个大山洞前的乱石冈上，萧半和、袁杨二夫人、袁冠南、萧中慧、林玉龙夫妇、二十来个家人弟子，三百余位宾客朋友团团围着几堆火。火堆上烤着獐子、黄麂，香气送入了每个人的鼻管。

萧半和咳嗽一声，伸手一摸胡子，这是他十多年来的惯例，每次有什么要紧话说，总是先摸胡子。可是这一次却摸了个空，他下巴光秃秃的，一根胡子也没有了。他微微一笑，说道："承江湖上朋友们瞧得起，我萧义在武林中还算是一号人物。可是有谁知道，我萧义是个太监。"

众人耸然惊讶，"我萧义是个太监"这句话传入耳中，人人都道是听错了，但见萧半和脸色郑重，决非玩笑。袁杨二夫人相互望了一眼，低下头去。

萧半和道："不错，我萧义是个太监。我在十六岁上便净了身子，进宫服侍皇帝，为的是要刺死满清皇帝，为先父报仇。我父亲平生跟满清鞑子势不两立，终于惨遭害死。我父亲的七个结义兄弟歃血为盟，誓死要给先父报仇，但满清势大，我这七位伯父叔父无一能得善终，不是在格斗中为清宫的侍卫杀死，便是给捕到了凌迟处死，这一场冤仇越结越深。我细细思量，要练到父亲和这七位伯叔一样的功夫，便竭一生之力也未必能够，便算练成了，也未必能报得了血海深仇，于是我甘心净身，去做一个低三下四、为人人瞧不起的太监。"众人听到这里，想起他的苦心孤诣，无不钦佩。

萧半和接着道："可是禁宫之中，警卫何等森严，实非我初时所能想象。别说走近皇帝跟前，便想见皇帝一面，也着实不容易。在十多年之中，虽然我每日每夜都在想刺杀皇帝，始终找不到一个机会。十六年前的一天晚上，我听得宫中的两名侍卫谈起，皇帝得知世上有一对鸳鸯宝刀，得之者可无敌于天下，这对刀分别在一位姓袁和一位姓杨的英雄手中。于是皇帝将袁杨二人全家捕来，勒逼二人交出宝刀。两位大英雄不屈而死，两位英雄的夫人却给逮进了天牢。"他说到这里，袁杨二夫人珠泪滚滚而下，突然间相抱大哭。

袁冠南和萧中慧对望了一眼，心中又悲又喜。只听得萧半和说道："当时我心中细一琢磨，为死人报仇，实不如救活人要紧，于是混进天牢，杀了几名狱卒，将二位夫人救出牢来。狱官以二位夫人是女流之辈，本来看守不紧，又万万料不到一个太监居然会去相救钦犯，因此给我一举得手。只是敌人势大，仓皇奔逃之时，袁夫人的公子竟在途中失落了。这件事我生平耿耿于怀，想不到袁公子已长大成人，并且学得一身高强武艺，当真是天大的喜事。至于中慧呢，你今年十八岁啦，我初见到你时，还只两岁。你爹爹姓杨，乃名震当世的三湘大侠杨伯冲杨大侠。"袁冠南和萧中慧（应该说杨中慧了）分别抱着自己母亲，想起父仇时不胜悲愤，想起萧半和的义薄云天，又感激无已。

萧半和又道："我们逃出北京，皇帝自是侦骑四出，严加搜捕。为了瞒过清廷耳目，我老萧装上了一大丛假胡子，又委屈袁杨两位夫人做了我夫人。好在老萧是个太监，这一时权宜之计，也不致辱了袁杨两位大侠的英名。"袁冠南和萧中慧终于相视一笑，二人均如释重负，心道："谁说咱俩是亲兄妹啊？"

萧半和一拍大腿，道："老萧是太监，羡慕大明三宝太监郑和远征异域，宣扬我中华的德威，因此上将名字改为'半和'，意思说盼望有郑和的一半英雄，嘿嘿，那是老萧的痴心妄想。这些年来，倒也太平无事，哪知鸳鸯刀出世，老萧一心要夺回宝刀，以慰袁杨二位英雄之灵，没再小心掩饰行藏，终于给清廷识破了真相。事到如今，那也没什么了。不过鸳鸯双刀只剩下一柄鸳刀，慧儿那柄短刀鸯刀，自然是假的，否则怎能折断？定是给卓天雄这奸贼调了去，只可惜咱们没能截住他。"

这时烤獐子的香气愈来愈浓了，任飞燕取出刀子，一块一块地割切。林玉龙忽地向杨中慧大声道："我说的不错么？你说你爹爹妈妈从来不吵架，我说不吵架的夫妻便不是真夫妻，定有些儿邪门。你林大哥可不是料事如神，言之有理？"任飞燕刀尖上带着一块獐肉，一刀送进了他的口中，喝道："吃獐子肉，胡说八道什么？"林玉龙待要反驳，却满口是肉，说不出话来。

众人正觉好笑，忽听得林外守望的一个弟子喝道："是谁？"跟着另一人喝道："太岳四侠！"杨中慧扑哧一笑。只见太岳四侠满身泥泞，用一根木棒抬着一只大渔网，渔网中黑黝黝的一件巨物，不知是什么东西。杨中慧笑道："太岳四侠，你们抬的是什么宝贝啊？"

盖一鸣得意洋洋地道："袁公子、萧姑娘，咱兄弟四个到那淤泥河中去捉碧血金蟾，想给两位送份大礼。哪知道金蟾还没捉到，一个人闯了过来，这人腿上受了伤，口中哼哼唧唧，行路一跛一拐。咱太岳四侠一瞧，嘿，这可不是卓天雄么？江湖上有言道：'送上门的买卖，不做白不做！'咱们抖起渔网，悄悄给他这么一罩，将他老人家给拿了来啦。"

众人惊喜交集。袁冠南伸手到卓天雄腰间一摸，抽出一柄短刀来，精光耀眼，污泥不染，自是真正的鸯刀了。

袁夫人将鸳鸯双刀拿在手中，仔细瞧了一会，叹道："满清皇帝听说这双刀之中，有一个能无敌于天下的大秘密，这果然不错，可是他便知道了这秘密，又能依着行么？各位请看！"众人凑近看时，只见鸳刀的刀刃上刻着"仁者"两字，鸯刀上刻着"无敌"两字。

"仁者无敌"！这便是无敌于天下的大秘密。

金庸将其十四部主要作品名称的首字编成了一副对联：飞雪连天射白鹿，笑书神侠倚碧鸳。这"鸳"便是中篇武侠小说《鸳鸯刀》。

节选部分之前的情节内容大致如下：

太岳四侠为给晋阳大侠萧半和祝寿，拦劫周威信为清廷保送的鸳鸯刀，被镖行武师所败；又欲抢夺林玉龙、任飞燕夫妻和书生袁冠南的行囊，反被袁冠南诈去仅存的数两银子；萧半和的女儿萧中慧、大内高手卓天雄也为鸳鸯宝刀而来。途中一场混战。林玉龙夫妻把夫妻刀法传给袁冠南、萧中慧二人，二人并肩抗战，互生情愫。萧半和生日这天，袁冠南献上鸳鸯刀，萧半和将萧中慧许配给他。

《鸳鸯刀》故事并不长，却是一部典型的武侠小说，体现了金庸武侠小说的艺术特色和风格。

金庸曾说："写小说内容求雅俗共赏，文字能清简流畅，此吾之愿也。"

有人说，金庸是继冯梦龙之后，中国最会讲故事的作家之一。金庸小说的显著特点是娱乐性与观赏性，具有大众趣味特征。《鸳鸯刀》总共不过三万多字，情节跌宕起伏，扣人心弦。比武、恩怨、夺宝这些武侠小说的基本要素全都具备；人物象征性的名字符号浅显生动，直显人物性格身份；场面和人物富于喜剧性。

从写作与传播的主要方式及文学的几个要素看，金庸小说属于通俗文学。但他的小说从思想观念、文化内涵、语言表达等层面超越了通常所谓的通俗，而具有了"雅"的成分。严家炎《文学的雅俗对峙与金庸的历史地位》一文认为，金庸"借用武侠这一通俗作品类型，出人意外地创造出一种文化学术品位很高的小说境界，实现了真正的雅俗共赏。金庸作品中包含的迷人的文化气息、丰厚的历史知识和深刻的民族精神，不但为广大通俗作品所望尘莫及，而且也远远超过了许多严肃小说"。

《鸳鸯刀》结尾，将故事推向高潮的，不是激烈的打斗，而是萧义对他以前英雄主义的故事的讲述。此时，鸳鸯刀无敌于天下的秘密也揭晓："仁者无敌。"这将小说主题推进到民族文化的境界。在这篇小说中，不管是故事情节还是人物设定上都体现出强烈的中华民族色彩——仁义、英雄的主题。这也正是金庸小说中的"龙眼"。传统文化对金庸小说创作的影响非常深远。"义"是金庸武侠小说之灵魂。它常常和"仁"连在一起成为"仁义"，和"信"连在一起成为"信义"，和"正"连在一起成为"正义"。在金庸笔下，"义"可以分为两个层次：小则除暴安良，惩恶扬善；大则为国为民，奋不顾身。

金庸小说的语言通俗流畅、灵活生动，没有难认的字、难懂的词和艰涩的句子；在行文时常会引用一些古典诗词，古朴、苍劲，并运用得极富韵味。而金庸语言的特点又不止于此。王朔在《我看金庸》里曾说："金庸小说的文字有一种速度感。"金庸语言的动作性强，极善构筑戏剧性场面。金庸善于探索不同的故事叙述方式，不断拓展语言的疆域，丰富小说的形式美感。他的小说，往往让人感到其风格的丰富性。

透明的红萝卜（节选）①

莫　言

四

那个金色红萝卜砸在河面上，水花飞溅起来，萝卜漂了一会儿，便慢慢沉入水底。在水底下它慢慢滚动着，一层层黄沙很快就掩埋了它。从萝卜砸破的河面上，升腾起浓浓的迷雾，凌晨时分，雾积满了河谷，河水在雾下伤感地呜咽着。几只早起的鸭子站在河边，忧悒地盯着滚动的雾。有一只大胆的鸭子耐不住了，蹒跚着朝河里走。在蓬生的水草前，浓雾像帐子一样挡住了它。它把脖子向左向右向前伸着，雾像海绵一样富于伸缩性，它只好退回来，"呷呷"地发着牢骚。后来，太阳钻出来了，河上的雾被剑一样的阳光劈开了一条条胡同和隧道，从胡同里，鸭子们望见一个高个子老头儿挑着一卷铺盖和几件沉甸甸的铁器，沿着河边往西走去了。老头的背驼得很厉害，担子沉重，把它的肩膀使劲压下去，脖子像天鹅一样伸出来。

①　选自《莫言中篇小说选》（上海社会科学院出版社 2004 年版），有改动。莫言，1955 年出生于山东高密。著有《红高粱》《檀香刑》等。

老头子走了，又来了一个光背赤脚的黑孩子。那只公鸭子跟它身边那只母鸭子交换了一个眼神，意思是说：记得吧？那次就是他，水桶撞翻柳树滚下河，人在堤上做狗趴，最后也下了河拖着桶残水，那只水桶差点没把麻鸭那个臊包砸死……母鸭子连忙回应：是呀是呀是呀，麻鸭那个讨厌家伙，天天追着我说下流话，砸死它倒利索……

　　黑孩在水边慢慢地走着，眼睛极力想穿透迷雾，他听到河对岸的鸭子在"呷呷呷呷，嘎嘎嘎嘎"地乱叫着。他蹲下去，大脑袋放在膝盖上，双手抱住凉森森的小腿。他感觉到太阳出来了，阳光晒着背，像在身后生着一个铁匠炉。夜里他没回家，猫在一个桥洞里睡了。公鸡啼鸣时他听到老铁匠在桥洞里很响地说了几句话，后来一切归于沉寂。他再也睡不着，便踏着冰凉的沙土来到河边。他看到了老铁匠伛偻的背影，正想追上去，不料脚下一滑，摔了一个屁股墩儿，等他爬起来时，老铁匠已经消逝在迷雾中了。现在他蹲着，看着阳光把河雾像切豆腐一样分割开，他望见了河对岸的鸭子，鸭子也用高贵的目光看着他。露出来的水面像银子一样耀眼，看不到河底，他非常失望。他听到工地上吵嚷起来，刘太阳副主任响亮地骂着："娘的，铁匠炉里出了鬼了，老混蛋连招呼都不打就卷了铺盖，小混蛋也没了影子，还有没有组织纪律性？"

　　"黑孩!"

　　"黑孩!"

　　"那不是黑孩吗？瞧，在水边蹲着。"

　　姑娘和小石匠跑过来，一人架着一支胳膊把他拉起来。

　　"小可怜，蹲在这儿干什么？"姑娘伸手摘掉他头顶上的麦秸草，说，"别蹲在这儿，怪冷的。"

　　"昨夜里还剩下些地瓜，让独眼龙给你烤烤。"

　　"老师傅走了。"姑娘沉重地说。

　　"走了。"

　　"怎么办？让他跟着独眼？要是独眼折磨他呢？"

　　"没事，这孩子没有吃不了的苦。再说，还有我们呢，量他不敢太过火的。"

　　两个人架着黑孩往工地上走，黑孩一步一回头。

　　"傻蛋，走吧，走吧，河里有什么好看的？"小石匠捏捏黑孩的胳膊。

"我以为你狗日的让老猫叼去了呢！"刘太阳冲着黑孩说。他又问小铁匠："怎么样你？把老头挤兑走了，活儿可不准给我误了。淬不出錾子来我剜了你的独眼。"

小铁匠傲慢地笑笑，说："赌等好吧，刘头儿。不过，老头儿那份钱粮可得给我补贴上，要不我不干。"

"我要先看看你的活。中就中，不中你也滚他妈的蛋！"

"生火，干儿。"小铁匠命令黑孩。

整整一个上午，黑孩就像丢了魂一样，动作杂乱，活儿毛草，有时，他把一大铲煤塞到炉里，使桥洞里黑烟滚滚；有时，他又把钢錾倒头儿插进炉膛，该烧的地方不烧，不该烧的地方反而烧化了。"狗日的，你的心到哪儿去啦！"小铁匠恼怒地骂着。他忙得满身是汗，绝技在身的兴奋劲儿从汗珠缝里不停地流溢出来。黑孩看到他在淬火前先把手插到桶里试试水温，手臂上被钢錾烫伤的地方缠着一道破布，似乎有一股臭鱼烂虾的味道从伤口里散出来。黑孩的眼里蒙着一层淡淡的云翳，情绪非常低落。九点钟以后，阳光异常美丽，阴暗的桥洞里，一道光线照着西壁，折射得满洞辉煌。小铁匠把钢錾淬好，亲自拿着送给石匠师傅去鉴定。黑孩扔下手中工具，蹑手蹑脚溜出桥洞，突然的光明也像突然的黑暗一样使他头晕眼花。略为迟疑了一下，他便飞跑起来，只用了十几秒钟，他就站在河水边缘上了。那些四个棱的狗蛋子草好奇地望着他，开着紫色花朵的水茨和擎着咖啡色头颅的香附草贪婪地嗅着他满身的煤烟味儿。河上飘逸着水草的清香和鲢鱼的微腥，他的鼻翅扇动着，肺叶像活泼的斑鸠在展翅飞翔。河面上一片白，白里掺着黑和紫。他的眼睛生涩刺痛，但还是目不转睛，好像要看穿水面上漂着的这层水银般的亮色。后来，他双手提起裤头的下沿，试试探探下了水，跳舞般向前走。河水起初只淹到他的膝盖，很快淹到大腿，他把裤头使劲拥起来，两瓣葡萄色的小屁股露了出来。这时候他已经立在河的中央了，四周的光一齐往他身上扑，往他身上涂，往他眼里钻，把他的黑眼睛染成了坝上青香蕉一样的颜色。河水湍急，一股股水流撞着他的腿。他站在河的硬硬的沙底上，但一会儿，脚下的沙便被流水掏走了，他站在沙坑里，裤头全湿了。一半贴着大腿，一半在屁股后飘起来。裤头上的煤灰把一部分河水染黑了。沙土从脚下卷起来，抚摸着他的小腿，两颗琥珀色的水珠挂在他的腮上，他的嘴角使劲抽动着。他在河中走动起来，用脚试探着，摸索着，寻找着。

"黑孩！黑孩！"

他听到小铁匠在桥洞前喊叫着。

"黑孩，想死吗？"

他听到小铁匠到了水边，连头也不回，小铁匠只能看到他青色的背。

"上来呀！"小铁匠挖起一块泥巴，对准黑孩投过云，泥巴擦着他的头发梢子落到河水里，河面上荡开椭圆形的波纹。又一坨泥巴扔过来，正打着他的背，他往前扑了一下，嘴唇沾到了河水。他转回身，"唿唿隆隆"地蹚着水往河边上走。黑孩遍身水珠儿，站在小铁匠面前。水珠儿从皮肤上往下滚动，一串一串的，"嘟噜噜"地响。大裤头子贴在身上，小鸡子像蚕蛹一样硬邦邦地翘着。小铁匠举起那只熊掌一样的大巴掌刚要扇下去，忽然觉得心脏让猫爪子给剐了一下子，黑孩的眼睛直盯着他的脸。

"快去拉火。师傅我淬出的钢錾，不比老家伙差。"他得意地拍拍黑孩的脖颈。

铁匠炉上暂时没有活儿，小铁匠把昨夜剩下的生地瓜放在炉边烤着。黄麻地里的风又轻轻地吹进来了。阳光很正地射进桥洞，小铁匠用铁钳翻动着烤出焦油的地瓜，嘴里得意地哼着："从北京到南京，没见过裤裆里拉电灯。黑孩，你见过裤裆里拉电灯吗？你干娘裤裆里拉电灯哩……"小铁匠忽然记起似的对黑孩说："快点，拔两个萝卜去，拔回来赏你两个地瓜。"黑孩的眼睛猛然一亮，小铁匠从他肋条缝里看到他那颗小心儿使劲地跳了两下，正想说什么没及开口，孩子就像家兔一样跑走了。

黑孩爬上河堤时，听到菊子姑娘远远地叫了他一声。他回过头，阳光捂住了他的眼。他下了河堤，一头钻进黄麻地。黄麻是散种的，不成垄也不成行，种子多的地方黄麻秆儿细如手指、铅笔；种子少的地方，麻秆如镰柄、手臂。但全都是一样高矮。他站在大堤上望麻田时，如同望着微波荡漾的湖水。他用双手分拨着粗粗细细的麻秆往前走，麻秆上的硬刺儿扎着他的皮肤，成熟的麻叶纷纷落地。他很快就钻到了和萝卜地平行着的地方，拐了一个直角往西走。接近萝卜地时，他趴在地上，慢慢往外爬。很快他就看到了满地墨绿色的萝卜缨子。萝卜缨子的间隙里，阳光照着一片通红的萝卜头儿。他刚要钻出黄麻地，又悄悄地缩回来。一个老头正在萝卜垄里爬行着，一边爬一边从口袋里往外掏着麦粒，一穴一穴地点种在萝卜垄沟中间。骄傲的秋阳晒着他的背，他穿着一件白布褂儿，脊沟溻湿了，微风扬起灰尘，使汗溻的地方发了黄。黑孩又膝行着退了几米远、趴在地上，双手支起下巴，透过麻秆的间隙，望着那些萝卜。萝卜田里有无数的红眼睛望着他，那些萝卜缨子也在一瞬间变成了乌黑的头发，像飞鸟的尾羽一样耸动不止……

一个红脸膛汉子从地瓜地里大步走过来，站在老头背后，猛不丁地说："哎，老头，你说昨天夜里遭了贼？"

老头手忙脚乱地爬起来，垂着手回答："遭了，偷了六个萝卜，缨子留下了，地瓜八墩，蔓子留下了。"

"怕是让修闸的那些狗日的偷去了，加点小心，中饭晚点回去吃。"

"我听着啦，队长。"老头儿说。

黑孩和老头一起，目送着红脸汉子走上大堤，老头坐在萝卜地里，面对着孩子。黑孩又惶乱地往后退出一节，这时，密密麻麻的黄麻把他的视线遮住了。

"黑孩!"

"黑孩!"

姑娘和小石匠站在大堤上，对着黄麻地喊着。他们背对着正晌的太阳，阳光照着散工的人群。

"我看到他钻到黄麻地里，我还以为他去撒尿拉屎了呢!"姑娘说。

"独眼龙难道又欺负他了?"小石匠说。

"黑孩!"

"黑孩!"

姑娘和小石匠的男女声二重喊贴着黄麻梢头像燕子一样滑翔，正在黄麻梢头捕食灰色小蛾的家燕被惊吓得高飞，好一会儿才落下来。小铁匠站在桥洞前边，独眼望着这并膀站着的男女，感到肚子越胀越大。方才姑娘和小石匠来找黑孩，那语气那神态就像找他们的孩子。"等着吧，丫头养的你们!"他恨恨地低语着。

"黑孩! 黑孩!"姑娘说，"他怕是钻到黄麻地里睡着了。"

"去看看吗?"小石匠乞求地看着姑娘。

"去吗? 去吧。"

两个人拉着手下了堤，钻到黄麻地里。小铁匠尾追着冲上河堤，他看到黄麻叶子像波浪一样翻滚着，黄麻秆子"刷拉拉"地响着，一男一女的声音在喊叫黑孩，声音像从水里传上来的一样……

黑孩趴累了，舒了一口气，翻了一个身，仰面朝天躺起来。他的身下是干燥的沙土，沙土铺着一层薄薄的黄麻落叶。他后脑勺枕着双手，肚子很瘪地凹陷着，一个带着红点的黄叶飘飘地落下来，盖住了他满是煤灰的肚脐。

他望着上方，看到一缕粗一缕细的蓝色光线从黄麻叶缝中透下来，黄麻叶片好像成群的金麻雀在飞舞。成群的金麻雀有时又像一簇簇的葫芦蛾，蛾翅上的斑点像小铁匠眼中那个棕色的萝卜花一样愉快地跳动。

"黑孩！"

"黑孩！"

熟悉的声音把他从梦幻中唤醒，他坐起来，用手臂摇了一下身边那棵粗大的黄麻。

"这孩子，睡着了吗？"

"不会的，我们这么大声喊。他肯定是溜回家去了。"

"这小东西……"

"这里真好……"

"是好……"

声音越来越低，像两只鱼儿在水面上吐水泡。黑孩身上像有细小的电流通过，他有点紧张，双膝跪着，扭动着耳朵，调整着视线，目光终于通过了无数障碍，看到了他的朋友被麻秆分割得影影绰绰的身躯。一时间静极了的黄麻地里掠过了一阵小风，风吹动了部分麻叶，麻秆儿全没动。又有几个叶片落下来，黑孩听到了它们振动空气的声音。他很惊异很新鲜地看到一根紫红色头巾轻飘飘地落到黄麻秆上，麻秆上的刺儿挂住了围巾，像挑着一面沉默的旗帜，那件红格儿上衣也落到地上。成片的黄麻像浪潮一样对着他涌过来。他慢慢地站起来，背过身，一直向前走，一种异样的感觉猛烈冲击着他。

赏读

中篇小说《透明的红萝卜》发表于 1985 年，是莫言的成名作、代表作，它奠定了莫言小说创作的基调和风格，此后莫言几乎将创作视角完全转向其故乡山东高密。

小说主人公黑孩是个沉默的苦孩子。公社要加宽滞洪闸，黑孩被派去砸石料，受到菊子姑娘的保护，后来砸伤了手指，又被派去给铁匠拉风箱。小铁匠动不动就让黑孩去偷地瓜和红萝卜，黑孩把红萝卜看成了有着金色外壳包着银色液体的透明的红萝卜……

在 2012 年瑞典文学院诺贝尔奖的颁奖典礼上，莫言说："我认为《透明的红萝卜》是我的作品中最有象征性、最意味深长的一部。那个浑身漆黑、具有超人的忍受痛苦的能力和超人的感受能力的孩子，是我全部小说的灵魂，尽管在后来的小说里，我写了很多的人物，但没有一个人物，比他更贴近我的灵魂。……"

在塑造黑孩的形象时，作家的笔墨集中于两个不和谐的方面：一方面是身世的不幸、命运的悲惨；另一方面是儿童的聪慧、机敏。小说通过两个侧面的对比，传达出对小黑孩的悲悯。这种悲悯的背后，有对特定历史时期的反思和批判。尽管作者有意淡化故事的时代背景，但从人物的语言和行动中，读者可以推知故事发生在"文革"期间。小黑孩之所以生活得这样悲惨，显然有家庭、社会、政治等多方面的原因。后娘的狠心、小铁匠的险恶，20世纪六七十年代中国乡村的普遍贫困。在这样一个特定的环境中，那个晶莹透明、金色的外壳包孕着活泼的银色汁液的红萝卜就有了特殊的意义，它体现了小黑孩在不幸的生活中对纯洁、幸福，对美好世界的憧憬。小黑孩的憧憬是执着的，在第一次看到那个透明的红萝卜之后十几天，他还到菜地里去寻找，但他最终没有找到。这个结局暗含着作者对生活的失望。这种失望还体现在小说其他人物身上。小石匠和菊子姑娘是美好的，但最后菊子姑娘那长着长睫毛的美丽的眼睛却被白石片毁掉了；老铁匠终日吟唱的也是人生艰辛的戏文。

瑞典文学院授予莫言诺贝尔文学奖的理由是他"融合了民间故事、历史和当代社会，创造出独特的魔幻现实主义作品"。魔幻现实主义文学是20世纪50年代前后在拉丁美洲兴盛起来的文学流派，是一种用魔幻的内容表现现实生活的写作手法。莫言在借鉴魔幻现实主义的同时，广泛地汲取民间文化的营养，在充满神秘、诡异、朦胧的氛围中，表现东方古老民族坚强又懦弱、伟大又卑微的品格。苦难的童年生活始终是他的作品中令人难忘的记忆，也成为他的魔幻现实主义的源泉。他经常借助童年记忆的视野来审视和表现文学中的各类生活。《透明的红萝卜》的创作与莫言少年时的生活记忆密切相关。小说整体上写得如诗如画，作者将这个悲伤却不乏温馨的故事，置于深秋黄麻无垠、雾岚升腾、河水汤汤的河滩旁，置于炉火通红、火星飞溅、锤声叮当的桥洞里，在融情于景、以景写情中，描绘出莫言的少年记忆。魔幻现实主义也深刻影响了他的语言风格。他的语言极富想象力和穿透力。他善于打破语言常规，重组语言，令人回味；善用修辞和绚烂的色彩演绎魔幻炫目的氛围，赋予作品深层意味。莫言描写农村生活时，雅言与俗语并行，书面语、共同语与方言俚语杂糅，表现出浓郁的乡土气息和浪漫色彩。

树王（节选）①

阿城

七

太阳依旧辣，山上飘着热气，草发着生生熟熟的味道。走到半山，支书站下，向山下队里大喊："都去上工！都去上工！"大家一看，原来人们都站到太阳底下向我们望，听到支书喊，便开始走动。

走不到好久，便望到树王了。树王的叶子在烈日下有些垂，但仍微微动着，将空隙间的阳光隔得闪闪烁烁。有鸟从远处缓缓飞来，近了，箭一样射进树冠里去，找不到踪影。不一会儿，又忽地飞出一群，前后上下地绕树盘旋，叫声似乎被阳光罩住，干干的极短促。一亩大小的阴影使平地生风，自成世界，暑气远远地避开，不敢靠近。队长忽然迟疑着站住，支书也犹疑着，我们便超过支书和队长向大树走去。待有些走近了，才发现巨大的树根间，坐着一个小小的人。那人将头缓缓

---

① 选自《棋王 树王 孩子王》（人民文学出版社 2013 年版），有改动。阿城，1949 年出生于北京。著有《小城之春》《芙蓉镇》等。

扬起，我心中一动：是肖疙瘩。

肖疙瘩并不站起来，将双肘盘在膝上，眼睛直直地望着我们，一个脸都是紧的。李立望望树，很随便地对肖疙瘩说："老肖，上来了？"又望望树，说："老肖，你说这树，从什么地方砍呢？"肖疙瘩于是只直直地望着李立，不说话，嘴紧紧地闭成一条线。李立招呼我们说："来吧。"便绕开肖疙瘩，走到树王的另一侧，用眼睛上下打量了一下，扬起手中的刀。

肖疙瘩忽然说话了，那声音模糊而陌生："学生，那里不是砍的地方。"李立转过头来看着肖疙瘩，将刀放下，有些惊奇地问："那你说是哪儿呢？"肖疙瘩仍坐着不动，只把左手微微抬起，拍一拍右臂："这里。"李立不明白，探过头去看，肖疙瘩张开两只胳膊，稳稳地立起来，站好，又用右手指住胸口："这里也行。"大家一下省悟过来。

李立的脸一下白了，我也觉得心忽然跳起来，大家都呆住，觉得还是太阳底下暖和。

李立张了张嘴，没有说出什么。静了一静，咽一下，说："老肖，不要开玩笑。"肖疙瘩将右手放下："我晓不得开玩笑。"李立说："那你说到底砍哪儿？"肖疙瘩又将右手指着胸口："学生，我说过了，这里。"

李立有些恼了，想一想，又很平和地说："这棵树砍不得吗？"肖疙瘩手不放下，静静地说："这里砍得。"李立真的恼了，冲冲地说："这棵树就是要砍倒！它占了这么多地方。这些地方，完全可以用来种有用的树！"肖疙瘩问："这棵树没有用吗？"李立说："当然没有用。它能干什么呢？烧柴？做桌椅？盖房子？没有多大的经济价值。"肖疙瘩说："我看有用。我是粗人，说不来有什么用。可它长成这么大，不容易。它要是个娃儿，养它的人不能砍它。"李立烦躁地晃晃头，说："谁也没来种这棵树。这种野树太多了。没有这种野树，我们早完成垦殖大业了。一张白纸，好画最新最美的图画。这种野树，是障碍，要砍掉，这是革命，根本不是养什么小孩！"

肖疙瘩浑身抖了一下，垂下眼睛，说："你们有那么多树可砍，我管不了。"李立说："你是管不了！"肖疙瘩仍垂着眼睛："可这棵树要留下来，一个世界都砍光了，也要留下一棵，有个证明。"李立问："证明什么？"肖疙瘩说："证明老天爷干过的事。"李立哈哈笑了："人定胜天。老天爷开过田吗？没有，人开出来了，养活自己。老天爷炼过铁吗？没有，人炼出来了，造成工具，改造自然，当然包括你的老天爷。"

肖疙瘩不说话，仍立在树根当中，李立微笑着，招呼我们。我们都松了一口气，提了刀，走近大树。李立抬起刀，说："老肖，帮我们把这棵树王砍倒吧。"肖疙瘩一愣，看着李立，似乎有些疑惑，随即平静下来。

李立举起刀，全身拧过去，刀从肩上扬起，寒光一闪，却梦一般，没有砍下的声响。大家眨一下眼，才发现肖疙瘩一双手早钳住李立的刀，刀离树王只有半尺。李立挣了一下。我心下明白，刀休想再移动半分。

李立狂吼一声："你要干什么？"浑身扭动起来，刀却生在肖疙瘩手上。肖疙瘩将嘴闭住，一个脸涨得青亮青亮的，筋在腮上颤动。大家"呀"地一声，纷纷退后，静下来。

寂静中忽然有支书的说话声："肖疙瘩！你疯了！'大家回头一看，支书远远地过来，队长仍站在原地，下巴垂下来，眼睛凄凄的。支书走近了，指一指刀："松开！"李立松开刀，退后了半步。肖疙瘩乃捏着刀，不说话，不动，立着。支书说："肖疙瘩，你够了！你要我开你的会吗？你是什么人，你不清楚？你找死呀！"说着伸出手："把刀给我？"肖疙瘩不看支书，脸一会儿大了，一会小了，额头渗出寒光，那光沿鼻梁漫干，眉头急急一颤，眼角抖起来，慢慢有一滴亮。

支书走开，又回过身，缓缓地说："老肖哇，你不是糊涂人。你那点子错误，说出天，在我手下，我给你包着。你种你的菜，树你管得了吗？农场的事，国家的事，你管得了吗？我一个屁眼大的官，管不了。你还在我屁眼里，你发什么疯？学生们造反，皇帝都拉下马了，人家砍了头说是有个碗大的疤。你砍了头，可有碗大的疤？就是有，你那个疤值几个钱？糊涂！老肖，这砍树的手艺，全场你最拿手，我知道，要不你怎么落个'树王'的称呼呢？你受罪，我也清楚。可我是支书，就要谋这个差事。你这不是给我下不来台吗？学生们要革命，要共产主义，你拦？"

肖疙瘩缓缓地松下来，脸上有一道亮亮的痕，喉咙提上去，久久不下来。我们都呆了，眼睛干干地定着，想不起眨。原来护着树根的这个矮小汉子，才是树王！心头如粗石狠狠擦了一下，颤颤的，脑后硬起来。

真树王呆呆地立着，一动不动，手慢慢松开，刀"哐当"一声落在树根上。余音沿树升上去，正要没有，忽然如哭声一般，十数只鸟箭一样，发一阵喊，飞离大树，鸟儿斜斜地沿山势滑飞下去，静静地又升起来，翅膀纷纷抖动，散乱成一团黑点，越来越小，越来越小。

李立呆呆地看看大家，精神失了许多。大家也你看看我，我看看你。支书不说话，过去把刀拾起来，交给李立。李立呆呆地看看刀，一动不动。

肖疙瘩慢慢与树根断开，垂着手，到了离大树一丈远的地方立下，大家却不明白他是怎么走过去的。

支书说："砍吧，总归是要砍，学生们有道理，不破不立，砍。"回头招呼着："队长，你过来。"队长仍远远站着，说："你们砍，学生们砍。"却不过来。

李立抬起头，谁也不看，极平静地举起刀，砍下去。

八

大树整整砍了四天，肖疙瘩也整整在旁边守了四天，一句话不说，定定地看刀在树上起落。肖疙瘩的老婆做了饭，叫六爪送到山上去，肖疙瘩扒了几口，不再吃，叫六爪回去拿些衣服来。六爪失了往日的顽皮，慌慌地回到队上。天一黑下来，六爪便和他的母亲坐在草房前向山上望着。月亮一天比一天晚出来，一天比一天残。队上的人常常在什么地方站下来，呆呆地听着传来的微微的砍伐声，之后慢慢地走，互相碰着了，马上低下头分开。

我心中乱得很，搞不太清砍与不砍的是非，只是不去山上参加砍伐，也不与李立说话。知青中自有几个人积极得很，每次下山来，高声地说笑，极无所谓的样子，李立的眼睛只与他们交流着，变得动不动就笑，其余的人便沉默着，眼睛移开砍树的几个人。

第四天收工时，砍树的几个人下山来，高声在场上叫："倒喽！倒喽！"我心中忽然一松，觉出四天的紧张。李立进到屋里，找出笔墨，写一些字，再将写好字的纸贴在他的书箱上边。我仰在床上。远远望去，见到五个大字：我们是希望。其余的人都看到了，都不说话，该干什么干什么。

我晚上到肖疙瘩的草房去。肖疙瘩呆呆地坐在矮凳上，见我来了，慢慢地移眼看我，那眼极干涩，失了精神，模模糊糊。我心中一酸，说："老肖。"只四天，肖疙瘩头发便长出许多，根根立着，竟是灰白杂色；一脸的皱纹，愈近额头与耳朵便愈密集；上唇缩着，下唇松了；脖子上的皮松顺下去，似乎泄走一身力气。肖疙瘩慢慢垂下眼睛，不说话。我在床边坐下，说："老肖。"转脸看见门口立着六爪与他的母亲，便招呼六爪过来，六爪看着他的父亲，慢慢走到我身边，轻轻靠着，一直看着自己的父亲。

肖疙瘩静静地坐着，慢慢地动了一下，缓缓转身打开箱子，在杂物中取出一个破本，很专心地看。我远远望去，隐约是一些数字。六爪的母亲见肖疙瘩取出本子，便低头离开门口到小草棚去。我坐了一会儿，见肖疙瘩如无魂的一个人，只有悄悄回来。

九

防火带终于锄好，队长宣布要烧山了，嘱咐大家严密注意着，不要自己的草房生出意外。

太阳将要落山，大家都出来站在草房前。队长和几个老职工点了火把，沿山脚跑动着，隔一丈点一下。不一刻，山脚就连成一条火线，劈劈啪啪的声音传过来。忽然风起了，我扭头一望，太阳沉下山峰，只留亮亮的天际。风一起，山脚的火便振奋起来，急急地向山上跑。山下的火越大，山头便愈黑。树都静静躺着，让人替它们着急。

火越来越大，开始有巨大的爆裂声，热气腾升上去，山颤动起来。烟开始逃离火，火星追着烟，上去十多丈，散散乱乱。队长几个人围山跑了一圈回来，喘着气站下看火。火更大了，轰轰的，地皮抖起来，草房上的草刷刷地响。突然一声巨响，随着嘶嘶的哨音，火扭作一团，又猛地散开。大家看时，火中一棵大树腾空而起，飞到半空，带起万千火旦，折一个斤斗，又落下来，溅起无数火把，大一些的落下来，小一些的仍旧上升，百十丈处，翻腾良久，缓缓飘下。火已烧到接近山顶，七八里长的山顶一线，映得如同白昼。我忽然心中一动，回头向肖疙瘩的草房望去，远远见到肖疙瘩一家人蹲在房前。我想了想，就向肖疙瘩的草房走去。场上此时也映得如同白昼，红红的令人疑心烫脚。我慢慢走到肖疙瘩一家人前，他们谁也不看我，都静静地望山上。我站下来，仰头望望天空。天空已成红紫，火星如流星般穿梭着。

忽然六爪尖声叫起来："呀！麂子！麂子！"我急忙向火中用眼搜寻，便见如同白昼的山顶，极小的一只麂子箭一般冲来冲去，时时腾跃起来，半空中划一道弧，刚一落地，又扭身箭一样地跑。队上的人这时都发现了这只麂子，发一片喊声，与热气一道升上去散开。火将山顶渐渐围满，麂子终于不动，慢慢跪了前腿，头垂下去。大家屏住气，最后看一眼那麂子，不料那生灵突然将身耸起，头昂得与脖子成一竖直线，又慢慢将前腿抬起，后腿支在地上，还没待大家明白，便箭一样向大火冲去，蹭起一串火星，又高高地一跃，侧身掉进火里，不再出现。大火霎时封了山顶，两边的火撞在一起，腾起几百丈高，须仰视才见。那火的顶端，舔着通红的天底。我这才明白，我从未真正见过火，也未见过毁灭，更不知新生。

山上是彻底地沸腾了。数万棵大树在火焰中离开大地，升向天空。正以为它们要飞去，却又缓缓飘下来，在空中互相撞击着，断裂开，于是再升起来，升得更高，再飘下来，再升上去，升上去，升上去。热气四面逼来，我的头发忽地一下立起，手却不敢扶它们，生怕它们脆而且碎掉，散到空中去。山如烫伤一般，发出各种怪叫，一个宇宙都惊慌起来。

忽然，震耳的轰鸣中，我分明听见有人的话语："冷。冷啊。回去吧。"看时，六爪的母亲慢慢扶着肖疙瘩，肖疙瘩一只手扶着六爪，三个人缓缓向自己的草房里去了。我急忙也过去搀扶肖疙瘩，手摸上去，肖疙瘩的肋下急急地抖着，硬硬软软，似千斤重，忽又轻不及两，令人恍惚。

肖疙瘩在搀扶下，进到屋里，慢慢躺在床上，外面大火的红光透过竹笆的缝隙，抖动着在肖疙瘩的身上爬来爬去。我将肖疙瘩的手放上床，打得碎石头的手掌散着指头，粉一样无力，烫烫的如一段热炭。

十

这之后，肖疙瘩便一病不起。我每日去看他，日见其枯缩。原来十分强悍而沉默的一个汉子，现在沉默依旧，强悍却渐渐消失。我连连劝他不要因为一棵树而想不开。他慢慢地点头，一双失了焦点的眼睛对着草顶，不知究竟在想什么。六爪不再顽皮，终日帮母亲做事，闲了，便默默地翻看残破了的宋江杀惜的书，来来回回地看，极其认真；或者默默地站在父亲身边，呆呆地看着父亲。肖疙瘩只有在儿子面前，才渗出一些笑容，但无话，只静静地躺着。

队上的人都有些异样，只李立几个人仍旧说笑，渐渐有些发颠。队长也常常去看肖疙瘩，却默默无言，之后慢慢离去。队上的老职工常常派了女人与孩子送些食物，也时时自己去，说几句话，再默默离去。大火烧失了大家的精神，大家又似乎觉得要有个结果，才得寄托。

半月后，一天，我因病未去出工，身子渐渐有些发冷，便拿了一截木头坐在草房外面晒太阳。十点钟的太阳就开始烫人，晒了一会儿，觉得还是回去的好。正转身要进门里，就听见六爪的声音："叔叔，我爹叫你去。"回头一看，六爪用异指勾弄着衣角站在场中。我随了六爪到他家。一进门，见肖疙瘩斜起上身靠在床上，不觉心中一喜，说："呀! 老肖，好多了吗？"肖疙瘩扬起手指，示意我坐在床边。我坐下了，看着肖疙瘩，肖疙瘩仍旧枯缩，极慢地说，没有喉音："我求你一件事，你必要答应我。"我赶紧点头。肖疙瘩停一停，又说："我有一个战友，现在四川，在部队上残废了，回家生活苦得很，这自然是我对不住他。我每月寄十五元给他，月月不敢怠慢。现在我不行了——"我心下明白，急忙说："老肖，你不要着急，我有钱，先寄给他——"肖疙瘩不动，半天才有力气再说："不是要你寄钱。我的女人与娃儿不识字，我不行了，要写一封书信给他，说我最后还是对不起他，请他原谅我先走了——"我呆了，心紧紧一缩，说不出话。肖疙瘩叫六爪过来，让他从箱里取出一个信封，黄皮纸，中间一个红框格。上面有着四川的地址。我仔细收好，点点头，说："老肖，你放心，我误不了事。"转头一看，却噤声不得。

肖疙瘩头歪向一边，静静地斜垂着，上唇平平的，下唇掉下来，露出几点牙齿。我慌了，去扶，手是冰凉的。我刚要去叫六爪的母亲，想想不行，便将身挡住肖疙瘩，叫六爪去喊他的母亲。

六爪和他的母亲很快便来了。肖疙瘩的老婆并不十分惊慌，长长叹一口气，与我将肖疙瘩摆平。死去的肖疙瘩显得极沉，险些使我跌一下。之后，这女人便在床边静静地立着。六爪并不哭，紧随母亲立着，并且摸一摸父亲的手。我一时竟疑惑起来，搞不清这母子俩是不是明白肖疙瘩已经死去，何无忧伤？何无悲泣？

六爪立了一会儿，跌跌地转身去小草棚里拿来那本残书，翻开，拣出两张残破的糖纸，之后轻轻地将糖纸放在父亲的手中，一边一张。阳光透过草顶的些微细隙，射到床上，圆圆的一粒一粒。其中极亮的一粒，稳稳地横移着，极慢地检阅着肖疙瘩的脸。那圆点移到哪里，哪里的肉便如活起来，幽幽地闪光，之后又慢慢熄灭下去。

支书来了，在肖疙瘩身旁立了很久，呆呆的不说话，之后痴痴的出去。队上人都来望了。李立几个人也都来看了，再也无笑声，默默地离去，肖疙瘩的老婆与队上说要土葬，讲这是肖疙瘩生前嘱咐给她的。

队长便派工用厚厚的木板制了一副棺材。葬的地方肖疙瘩也说过，就在离那棵巨树一丈远的地方。大家抬了棺材，上山，在树桩根边挖了坑，埋了。那棵巨树仍仰翻在那里，断口刀痕累累，枝叶已经枯掉，却不脱落，仍有鸟儿飞来立在横倒的树身上栖息。六爪在父亲的坟前将装糖的瓶子立放着，糖粒还有一半，被玻璃隔成绿色。

当天便有大雨。晚上息了一下，又大起来，竟下了一个星期才住。烧过的山上的木炭被雨水冲下来，黑黑的积得极厚。一条山沟里，终日弥漫着酸酸的味道，熏得眼睛流泪。雨住了，大家上山出工。一座山秃秃的，尚有未烧完的大树残枝，黑黑的立着，如同宇宙有箭飞来，深深射入山的裸体，只留黑羽箭尾在外面。大家都有些悚然，倚了锄呆呆地望，一星期的大雨，这里那里竟冒出一丛丛的草，短短的立着，黄黄绿绿。忽然有人叫起来："看对面山上！"大家一齐望过去，都呆住了。

远远可见肖疙瘩的坟胀开了，白白的棺木高高地托在坟土上，阳光映成一小片亮。大家一齐跑下山，又爬上对面的山，慢慢走近。队长哑了喉咙，说："山不容人啊！"几个胆大的过去将棺材抬放到地上。大家一看，原来放棺材的土里，狠狠长出许多乱乱的短枝。计算起来，恐怕是倒掉的巨树根系庞大，失了养料的送去处，大雨一浇，根便胀发了新芽，这里土松，新芽自然长得快。那玻璃瓶子里糖没有了，灌满了雨水，内中淹死了一团一团的蚂蚁。

队长与肖疙瘩的寡妇商议火化。女人终于同意。于是便在山顶上架起一人高的柴火，将棺材放在上面，从下面点着，火慢慢烧上去，碰了棺材，便生有黑烟。那日无风，黑烟一直升上去，到百多米处，忽然打一个团，顿了一下，又直直地升上去，渐渐淡没。

肖疙瘩的骨殖仍埋在原来的葬处。这地方渐渐就长出一片草，生白花。有懂得的人说：这草是药，极是医得刀伤。大家在山上干活时，常常歇下来望，便能看到那棵巨大的树桩，有如人跌破后留下的疤；也能看到那片白花，有如肢体被砍伤，露出白白的骨。

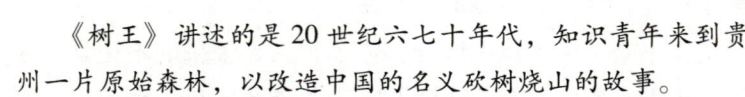

赏读

《树王》讲述的是20世纪六七十年代，知识青年来到贵州一片原始森林，以改造中国的名义砍树烧山的故事。

小说题为《树王》，"树王"是肖疙瘩也是被砍掉的那棵大树。肖疙瘩的本名始终没有提到，"疙瘩"的外号让人自然联想到树。

"疙瘩"的外号可理解为他像大树一样不顺溜，满是疙瘩；也可理解为他做人一点也不"随和"。在小说中，人就是树，树也是人；树具有人的灵性，人具有树的风骨。

在《树王》中，李立与肖疙瘩是一对针锋相对的人物。李立是上山下乡的知识青年，极力推动、参与砍掉、烧光山上的一切；肖疙瘩是一介山民，在知青们要砍掉山上的一切时，极力维护直至生命终结。阿城曾提出"文化"和"武化"的概念：对人类生存及人与所处环境的积极约束关系就是"文化"，反之就是"武化"。当历史行进在"文化"占上风的阶段，社会安定，人民康乐；反之，社会混乱，人民伤痛。以社会历史分析的眼光来看，《树王》展现的就是"文化大革命""武化"占上风的一段中华民族的社会心灵史。《树王》要表现的三旨还可从更高的层次来看。这部作品和他的《棋王》《孩子王》皆取材于他本人亲历的知青生活，但无论在主题意旨还是表现形式上都与通常的知青小说有很大不同。阿城无意去描绘一种悲剧性的历史遭遇和个人经验，也避免了浪漫主义和理想主义的风格模式，他在日常化的平和叙说中，传达出了对中国传统文化精神的认同。

中国人与自然自有一种内在的亲密关系——天人合一关系。这种人与自然的内在和谐及其对人精神的慰藉和调节，正是阿城描写肖疙瘩与大树同时倒下所要表现的。精神支柱崩溃以后，肖疙瘩郁郁死去，他留下遗言要葬在大树的旁边。这里，人与树、人与自然不仅灵犀相通，而且生死相依，承受着共同的苦难和创痛，天人完全冥合为一了。贯穿在小说里的是有为与无为、阴柔和阳刚的相互转化，生命归于自然、得宇宙之大而获得无限自由的道理，但作家没有直接讲述这些道理，而是将其隐于故事和人物之中，并进而把这种传统文化精神与现实联系起来，赋予其现代意义。这正是阿城"寻根文学"作品独特的价值取向。

阿城的小说语言以最平实的白话语言为基础，他自己曾经说过，他的用词"绝对是在常用词里的，绝对不超过一个扫盲标准的用词量"。形容词、成语、比喻等可以在语言中形成夸饰、华美风格的语言要素在阿城的小说语言中一律用得极为俭省。阿城的这种语言面貌最突出的特征是语言的节制，而语言的节制正是儒家中和审美意识的一个重要方面。阿城的语言在节制中又显现出一种内在的骨气，朝河清评价其小说"特以骨力见胜"，其语言亦是如此。

1. 本单元五篇作品都是小说，都出自现当代小说名家之手，风格各不相同。作家风格是如何形成的？曹丕在《典论．论文》中指出"文以气为主，气之清浊有体，不可力强而致"，把"论人"和"论文"结合起来；南朝刘勰对此有进一步的发展，他认为人的才能性情不同，文章的风格也多有变异，学识和习染也会影响到作品风格。他在《文心雕龙·体性》中说："夫情动而言形，理发而文见，盖沿隐以至显，因内而符外者也。然才有庸俊，气有刚柔，学有浅深，习有雅郑，并情性所铄，陶染所凝，是以笔区云谲，文苑波诡者矣。故辞理庸俊，莫能翻其才；风趣刚柔，宁或改其气；事义浅深，未闻乖其学；体式雅郑，鲜有反其习：各师成心，其异如面。"

你是否同意这些看法？请查阅资料，分析本单元这五位作家的小说风格特点，并探究其风格特点的形成原因，写出来，与同学们交流分享。

2. 讽刺是文艺创作的一种表现手法，作家针对社会生活中不合理的、错误的或腐朽的人或事，用讥讽、嘲笑的手法，突出其矛盾的所在，达到贬斥、否定、批判的目的。在《风波》中，鲁迅以反语、白描、对照等手法对人物和事件进行多角度的讽刺，发人深省。鲁迅曾评《儒林外史》乃"秉持公心，指摘时弊，机锋所向，尤在士林；其文又戚而能谐，婉而多讽：于是说部中乃始有足称讽刺之书"。他的小说也被评论家认为是"公心讽世之书"。课外阅读鲁迅的其他小说和吴敬梓的《儒林外史》，比较鲁迅小说和《儒林外史》讽刺艺术的异同。